网格化供电服务

工作指引手册

国网河南省电力公司　编

中国电力出版社
CHINA ELECTRIC POWER PRESS

图书在版编目（CIP）数据

网格化供电服务工作指引手册 / 国网河南省电力公司编 . — 北京 : 中国电力出版社，2022.9（2022.11重印）
ISBN 978-7-5198-6889-5

Ⅰ . ①网… Ⅱ . ①国… Ⅲ . ①供电－工业企业－商业服务－中国－手册 Ⅳ . ① F426.61-62
中国版本图书馆 CIP 数据核字（2022）第 117231 号

出版发行：中国电力出版社
地　　址：北京市东城区北京站西街 19 号（邮政编码 100005）
网　　址：http://www.cepp.sgcc.com.cn
责任编辑：丁　钊（010-63412393）
责任校对：黄　蓓　郝军燕
装帧设计：王红柳
责任印制：杨晓东

印　　刷：望都天宇星书刊印刷有限公司
版　　次：2022 年 9 月第一版
印　　次：2022 年 11月北京第二次印刷
开　　本：710 毫米 ×1000 毫米　16 开本
印　　张：7
字　　数：91 千字
定　　价：35.00 元

编 写 委 员 会

主　任　张立庆

副主任　赵善俊　郭　雷　韦　雅

委　员　孙合法　张　凯　文耀宽　赵　睿

编 写 人 员

主　编　孙合法　李翼铭

副主编　王　峻　郭剑黎　王安军　刘婧一　李会君　刘启明
丁　博　崔　惟

参　编　张东东　孙甜甜　肖　珂　王奕萱　岳寒冰　王　坤
都静静　彭　磊　郭祥富　谢瑞莎　李克燕　夏　兰
姬惠颖　赵　鹏　郑　一　莫建波　荆　聪　卢国磊
杜晓瀚　刘会芳　龚静毅　刘　亚　刘　艳　刘亚飞
王　平　高天宇　许　静　张　晨　赵　洋　吴　岭
王健磊　平晓雪　夏　夏　郝亚松　杨林涛　贾正旭
王鑫洋　张　峰　陈　东　徐亚建　马　莉　哈红莉
郭　宁　吴俊霞　金玉寒　丁　贺

前言

国家电网有限公司始终认真践行“人民电业为人民”的企业宗旨，坚持以客户为中心，以问题为导向，持续提升供电服务质量和服务水平。进入新发展阶段，落实新发展要求，为规范国家电网有限公司网格化服务业务处理流程，统一服务话术、服务内容、服务标准，为网格化服务人员日常工作提供指导，提升网格化服务水平、提高客户满意度、做好服务风险防范，特编制本手册。

本书以网格化服务内容为依据，着重从客户诉求响应（受理、处理客户新装、增容、变更用电、分布式电源并网服务及市政代工、故障报修、咨询、投诉、举报、意见、建议、服务申请、信息更新、交费、打印票据或账单、校表、重大活动保供电、信息订阅、能效公共服务）、主动服务策略（主动服务机制、主动服务内容、主动告知）、服务风险防范（服务意识、服务渠道、服务质量、服务事件处理）三方面对网格化服务内容进行阐述。内容详实，操作性强，便于基层服务人员参考使用。

本书在编写过程中，国网洛阳、新乡、驻马店、信阳、开封、三门峡供电公司提供了大量素材、现场资料及宝贵建议，在此表示衷心的感谢。由于编者水平有限，如有不足或疏漏之处，恳请读者批评指正。

目 录

1 总则

（1）为规范国家电网有限公司网格化服务业务处理流程，统一服务话术、服务内容、服务标准，为网格化服务人员日常工作提供指导，提升网格化服务水平、提高客户满意度、做好服务风险防范，特编制本手册。

（2）供电服务网格优化提升总体工作思路。以习近平新时代中国特色社会主义思想为指导，以建设具有中国特色国际领先的能源互联网企业战略目标为引领，深入践行“人民电业为人民”的企业宗旨，坚持“三个一切”服务理念，坚持以客户为中心，坚持属地自治为主线，坚持问题导向、目标导向、结果导向，围绕构建“强前端、大后台”的现代服务体系，大力推进服务数字化转型，优化网格设置，缩短业务流程与服务链条，开展主动服务、精准服务。推进“三协同”（业务协同、前端协同、政企协同），加强“三集约”（营配业务集约、系统数据集约、服务资源集约）、“三管控”（服务风险管控、业务过程管控、工作质效管控），实现“三提升”（承载力提升、服务质效提升、业绩指标提升），切实做到平时服务高质高效、战时应急快速反应，持续满足客户用电需求。

（3）供电服务网格与政府网格刚性一一对应。市城区一级网格“1 对 N”对接区政府，二级网格“1 对 N”对接街道办事处，三级网格“1 对 N”对接社区。县城一级网格“1 对 N”对接街道办事处，二级网格“1 对 N”对接居委会，三级网格“1 对 N”对接社区。乡镇一级网格“1 对 N”对接乡镇政府，二级网格“1 对 N”对接行政村，三级网格“1 对 N”对接自然村组；突出行政地理因素，10kV 同一线路的供电台区划入同一供电网格；同一社区、同一村组的供电台区划入同一供电网格。

（4）建立信息明确、渠道畅通、反应快速的供电服务属地化管理机制，实现一支队伍、一次到达现场、一次性满足客户诉求。

（5）网格化服务内容包括：客户诉求响应［受理、处理客户新装、增容、变更用电、分布式电源并网服务及市政代工、意见（建议）、故障报修、业务申请、查询咨询、信息更新、交费、打印票据或账单、校表、重大活动保供电、信息订阅、能效公共服务］、主动告知（停复电告知、服务信息公告、重要客户停限电告知、电能表换装告知、客户走访等主动服务或差异化服务。

（6）网格化服务分为线上和线下两种渠道。线上渠道包括95598、“网上国网”App、微信、供电所电话、营业厅电话、台区经理移动电话；线下渠道包括营业厅、供电所。

（7）网格化服务涉及人员。包括台区经理、供电所和营业厅电话客服专员、营业厅人员、抢修人员、抄催人员、计量人员、勘测人员、用电检查人员、业务处理人员。

（8）建立网格化服务协同工作机制。在一级网格内设置综合值班岗，实行5×8、7×24小时值班制度，发挥任务上传下达，运营指标管控，业务工单派发，人员、装备、物资指挥调度等核心管控作用；按照“就近响应、协同跟进、现场对接、共同处置”原则，工作地点相邻的台区经理结合实际需要，成立网格互助小组；网格互助小组内台区经理相互配合，协同开展网格内的设备运维、报装报修、客户服务等工作，形成“工作有监护、质量有监督、服务有监管”的协同工作机制；台区为网格服务基础管理单元，台区经理为第一责任人，当第一责任人不在岗时，制定第二责任人承担相应责任和工作任务，确保人员到位、管理不留死角。

（9）加强网格化服务宣传。在网格化服务区内，发放便民服务卡，在每个网格内的供电台区、计量表箱、居民小区等醒目位置，张贴“供电服务公示牌”，全方位做好网格化服务政策宣传。

（10）畅通网格化服务渠道，快速响应客户诉求。畅通电话、电子渠道、微信群等服务渠道，确保客户诉求及时受理、各类业务按照规定的时限处理、并进行回访归档闭环管控。

（11）规范网格化服务人员服务行为：

1）工作期间应保持精神饱满、注意力集中，与客户会话时，使用规范化文明用语，提倡使用普通话并不得使用服务禁语。遇到客户提出不合理要求时，应向客户委婉说明，不得与客户发生争吵。

2）要落实首问负责制，按照标准话术准确快速应答、解决客户问题。对于超出能力范围的问题，应与客户确认并翔实记录问题，并限时按客户要求派发业务工单。

3）应熟知本岗位的业务知识和相关技能，掌握公司优质服务基本要求、沟通技巧、业务知识等，并具有合格的专业技术水平。工作中主动了解客户的用电服务需求，积极宣传推广新型供电服务渠道和服务产品，提升客户获得感和满意度。

4）做好服务风险防范。网格化服务要全程录音、录像，现场服务时要佩戴服务行为记录仪，规范服务用语、服务行为，遇到敏感难缠客户注意沟通技巧，重大问题要及时上报，做好风险防范。

2　客户诉求响应

2.1 新装、增容、变更用电、分布式电源并网服务及市政代工

2.1.1 业务内容

供电企业根据客户提出的用电需求，统一受理客户的新装、增容、变更用电、分布式电源并网服务及市政代工业务。新装、增容业务包括：低压居民新装（增容）、低压非居民客户新装（增容）、高压客户新装（增容）、小区新装、低压批量新装、装表临时用电、无表临时用电新装等；变更用电包括：改类、减容（减容恢复）、暂停（暂停恢复）、暂换（暂换恢复）、移表、暂拆（复装）、过户、更名、分户、并户、销户、临时用电延期、临时用电终止、迁址、改压。

2.1.2 标准应答话术（见表 2−1）

2.1.3 诉求响应流程

2.1.3.1 新装、增容

台区经理接到客户诉求时，一次性告知客户业务所需资料、流程、环节，收取并查验客户资料后，统一将资料转交给营业员，由营业员将客户申请信息录入营销系统；营业员接到客户诉求时，收取查验资料后，录入系统。线上渠道受理客户申请时，客服人员根据属地原则派发至辖区营业厅人员。

对于线上线下渠道受理的客户申请，营业员根据电压等级将申请传递至高、低压业扩人员。低压项目经业扩人员现场勘察，客户外部工程实施（低压居民和实行“三零”服务的低压非居民项目无此环节），计量人员装表接电、业扩人员签订合同归档后，客服人员开展回访，服务结束。

高压项目经业扩人员现场勘察答复方案，设计审查、中间检查（仅限重要客户或有特殊负荷的客户，配电运检人员、高压用电检查员参与）、竣工验收（业扩人员收取查验客户竣工资料，配电运维人员、计量人员、高压用电检查员参与现场验收）、装表送电（配电运维人员、计量人员参与送电，业扩人员签订合同）、整理客户资料归档后，客服人员开展回访，服务结束。

表 2-1　　标准应答话术

序号	诉求分类	诉求分类	话术				
1	新装、增容	低压居民新装、增容	开头语：“您好，我是 ×× 供电公司工作人员，请问有什么可以帮您？”				
			客户咨询低压居民新装、增容收费标准。 话术：您好，低压电能表箱及以上供电设施（包括表上线、表箱、电能表、互感器、表箱内断路器和电能采集装置等），供电公司负责投资，不收取任何费用。电能表出线到用户家中部分，由客户自行组织施工，费用需您自行负担	**客户询问办理低压居民新装、增容业务需要携带哪些材料。** 话术：您好，您咨询的“低压居民新装、增容”业务，所需资料为：主体证明（任选其一，需提供原件）：居民身份证、临时身份证、户口本、军官证或士兵证、台胞证、港澳通行证、外国护照、外国永久居留证（绿卡），或其他有效身份证明文书。 产权证明（任选其一，需提供复印件）：包括产权证、国有土地使用证、集体土地使用证、购房合同、法律文书、产权合法证明；农村地区低压办电可提供村委会及以上出具的产权证明（原件）。 注：抵押或借贷协议不能作为产权证明，在提供抵押或借贷协议的同时，还需要提供原房主的产权证明材料原件及原房主的授权委托书。	**客户询问办理低压居民新装、增容业务承诺时限。** 话术：您好，您咨询的低压居民新装、增容业务承诺时限为 5 个工作日	**客户询问低压居民新装（增容）申请渠道。** 话术：您好，可通过“网上国网”App、政务渠道、营业厅办理	
			结束语：“感谢您的来电，再见。”				

续表

序号	诉求分类	诉求分类	话术				
1	新装、增容	低压非居民客户新装、增容	开头语：“您好，我是 ×× 供电公司工作人员，请问有什么可以帮您？”				
			客户咨询低压非居民新装、增容收费标准。 话术：您好，低压表箱及以上供电设施（包括表上线、表箱、电能表、互感器、表箱内断路器和电能采集装置等），供电公司负责投资，不收取任何费用（低压小微企业，供电公司投资建设低压表箱及以上供电设施至您的规划红线）。 低压表箱内电能表后第一断路器出线端子以下低压线路等，由客户自行组织施工，费用客户自行负担。 注：本业务不包括写字楼等单体建筑中，以单户或多户名义进行报装的用电项目	**客户询问办理低压非居民新装、增容业务需要携带哪些材料。** 话术：您好，您咨询的“低压非居民新装、增容”业务，所需资料为：主体证明（任选其一，需提供复印件）：包括营业执照、组织机构代码证、宗教活动场所登记证、社会团体法人登记证书、军队或武警出具的办理用电业务的证明。 产权证明（任选其一，需提供复印件）：包括产权证、国有土地使用证、集体土地使用证、购房合同、法律文书、产权合法证明；农村地区低压办电可提供村委会及以上出具的产权证明（原件）。 注：委托代理人办理，另外需提供：①授权委托书或单位介绍信（原件）；②经办人有效身份证明（复印件）	**客户询问办理低压非居民新装、增容业务承诺时限。** 话术：您好，您咨询的低压非居民客户新装、增容业务，供电企业各环节合计办理时间不超过6个工作日	**客户询问低压非居民新装、增容申请渠道。** 话术：您好，可通过“网上国网”App、政务渠道、营业厅办理	
			结束语：“感谢您的来电，再见。”				

续表

序号	诉求分类	诉求分类	话术				
1	新装、增容	高压客户新装、增容	开头语：“您好，我是××供电公司工作人员，请问有什么可以帮您？”				
			客户咨询高压客户新装、增容收费标准。 话术：您好，两路及以上多回路供电用户需交纳高可靠性供电费用，其他用户不收取费用。根据（豫发改价管〔2018〕470号）规定，电力用户自建线路实现双回路供电的，不收取高可靠性供电费用。自建线路包括第二路新建电源点至用户负荷侧全部线路。	**客户询问办理高压客户新装、增容需要携带哪些材料。** 话术：您好，您咨询的“高压新装、增容”业务，所需资料为： 主体证明（任选其一，需提供复印件）：营业执照、组织机构代码证、宗教活动场所登记证、社会团体法人登记证书、军队或武警出具的办理用电业务的证明。 产权证明（任选其一，需提供复印件）：①包括产权证、国有土地使用证、集体土地使用证、购房合同、法律文书、产权合法证明；②符合重要客户认定条件［见《重要电力用户供电电源及自备应急电源配置技术规范》（GB / T 29328—2018）］，另需提供政府部门批复、核准或备案文件。 注： （1）委托代理人办理，另外需提供：	**客户询问办理高压客户新装、增容业务承诺时限。** 话术：您好，您咨询的高压客户新装、增容时限为： 高压单电源客户新装、增容，供电企业各环节合计办电时间不超过22个工作日；	**客户询问高压客户新装、增容申请渠道。** 话术：您好，可通过“网上国网”App、政务渠道、营业厅办理	

续表

序号	诉求分类	诉求分类	话术				
1	新装、增容	高压客户新装、增容		①授权委托书或单位介绍信（原件）；②经办人有效身份证明（复印件）。 （2）抵押或借贷协议是不能作为产权证明，在提供抵押或借贷协议的同时，还需要提供原房主的产权证明材料原件及原房主的授权委托书	高压双电源客户的新装、增容，供电企业各环节合计办电时间不各超过 32 个工作日		
			结束语：“感谢您的来电，再见。”				
		小区新装、低压批量新装	开头语：“您好，我是 ×× 供电公司工作人员，请问有什么可以帮您？”				
			客户咨询低压批量新装收费标准。 话术：国网河南省电力公司此环节不收费	**客户询问办理低压批量新装需要携带哪些材料。** 话术：您好，您咨询的“低压批量新装”业务，所需资料为： （1）业主有效身份证明； （2）用户房屋合法产权证明或购房合同	**客户询问办理低压批量新装业务承诺时限。** 话术：您好，对于新建居民住宅小区申请“一户一表”，由开发商投资建设后整体移交给供电公	**客户询问办理低压批量新装业务申请渠道。** 话术：您好，可通过“网上国网”App、政务渠道、营业厅办理	

续表

序号	诉求分类	诉求分类	话术				
1	新装、增容	小区新装、低压批量新装			司，具体详见：高压客户新装、增容承诺时限话术		
			结束语：“感谢您的来电，再见。”				
		装表临时用电新装	开头语：“您好，我是 × × 供电公司工作人员，请问有什么可以帮您？”				
			客户咨询装表临时用电新装收费标准。 话术：国网河南省电力公司已取消临时接电费	**客户询问办理装表临时用电新装需要携带哪些材料。** 话术：您好，临时用电资料与正式用电申请资料一致，根据电压等级选择（详见低压居民新装、增容业务受理携带材料、低压非居民新装、增容携带材料、高压客户新装、增容业务受理携带材料话术）	**客户询问办理装表临时用电新装业务承诺时限。** 话术：您好，临时用电资料与正式用电承诺时限一致，根据电压等级选择（详见低压居民新装、增容承诺时限、低压非居民新装、增容承诺时限、高压客户新装、增容承诺时限话术）	**客户询问办理装表临时用电新装申请渠道。** 话术：您好，可通过“网上国网”App、政务渠道、营业厅办理	
			结束语：“感谢您的来电，再见。”				

续表

序号	诉求分类	诉求分类	话术				
1	新装、增容	无表临时用电新装	开头语：“您好，我是 ×× 供电公司工作人员，请问有什么可以帮您？”				
			客户咨询无表临时用电新装收费标准。 话术：您好，河南省不能办理无表临时用电	**客户询问办理无表临时用电新装需要携带哪些材料。** 话术：您好，河南省不能办理无表临时用电	**客户询问办理无表临时用电新装业务承诺时限。** 话术：您好，河南省不能办理无表临时用电	**客户询问办理无表临时用电新装申请渠道。** 话术：您好，河南省不能办理无表临时用电	
			结束语：“感谢您的来电，再见。”				
2	用电变更	改类	开头语：“您好，我是 ×× 供电公司工作人员，请问有什么可以帮您？”				
			客户询问改类申请材料。 话术：您好，您咨询的“改类”业务，所需资料为：①高压客户、低压非居民客户改类申请材料（基本电价计费方式变更、调需量值）：客户用电主体证明（加盖单位公章的复印件）；②居民客户改类申	**客户询问改类是否收费。** 话术：您好，改类不收费	**客户询问改类申请渠道。** 话术：您好，可通过“网上国网”App、政务渠道、营业厅办理		

续表

序号	诉求分类	诉求分类	话术				
2	用电变更	改类	请材料（居民峰谷变更）：主体证明任选其一：居民身份证、临时身份证、户口本、军官证或士兵证、台胞证、港澳通行证、外国护照、外国永久居留证（绿卡），或其他有效身份证明文书（原件及复印件）；③免填单（在营业厅办电的，营业厅工作人员直接录入信息，客户只需对相关申请内容签字确认）；④委托代理人办理时必备经办人有效身份证明和授权委托书（居民峰谷变更不需要提供）				
			结束语：“感谢您的来电，再见。”				
		减容（减容恢复）	开头语：“您好，我是 ×× 供电公司工作人员，请问有什么可以帮您？”				
			客户咨询办理减容所需材料。 话术：您好，您咨询的“减	**客户咨询办理减容恢复所需材料。** 您好，您咨询的“减容恢复”业务，所需资料为：客户用电主体证明	**客户询问减容是否收费。** 话术：您好，供	**客户询问减容申请渠道。**	

续表

序号	诉求分类	诉求分类	话术				
2	用电变更	减容（减容恢复）	容”业务，所需资料为：客户用电主体证明（加盖单位公章的复印件）。 注： （1）客户用电主体证明指以下任一种：营业执照（或组织机构代码证、宗教活动场所登记证、社会团体法人登记证书、军队、武警出具的办理用电业务的证明）。 （2）营业厅办理时，若客户仅能提供用电主体证明的，其他暂缺的办电基础资料，由客户经理现场勘查时上门收取。 （3）委托他人办理时，需同时提供授权委托书或单位介绍信（原件）和经办人有效身份证明（复印件）	（加盖单位公章的复印件）。 注： （1）客户用电主体证明指以下任一种：营业执照（或组织机构代码证、宗教活动场所登记证、社会团体法人登记证书、军队、武警出具的办理用电业务的证明）。 （2）营业厅办理时，若客户仅能提供用电主体证明的，其他暂缺的办电基础资料，由客户经理现场勘查时上门收取。 （3）委托他人办理时，需同时提供授权委托书或单位介绍信（原件）和经办人有效身份证明（复印件）	电企业不收取任何服务费用	话术：您好，可通过“网上国网”App、政务渠道、营业厅办理	
			结束语：“感谢您的来电，再见。”				

续表

<table>
<tr><th>序号</th><th>诉求分类</th><th>诉求分类</th><th colspan="5">话术</th></tr>
<tr><td rowspan="2">2</td><td rowspan="2">用电变更</td><td rowspan="2">暂停（暂停恢复）</td><td colspan="5">开头语：“您好，我是 ×× 供电公司工作人员，请问有什么可以帮您？”</td></tr>
<tr><td>客户咨询办理暂停所需材料。
话术：您好，您咨询的“暂停”业务，所需资料为：客户用电主体证明（加盖单位公章的复印件）。
注：
（1）客户用电主体证明指以下任一种：营业执照（或组织机构代码证、宗教活动场所登记证、社会团体法人登记证书、军队、武警出具的办理用电业务的证明）。
（2）营业厅办理时，若客户仅能提供用电主体证明的，其他暂缺的办电基础资料，由客户经理现场勘查时上门收取。</td><td>客户咨询办理暂停恢复所需材料。
话术：您好，您咨询的“暂停恢复”业务，所需资料为：客户用电主体证明（加盖单位公章的复印件）。
注：
（1）客户用电主体证明指以下任一种：营业执照（或组织机构代码证、宗教活动场所登记证、社会团体法人登记证书、军队、武警出具的办理用电业务的证明）。
（2）营业厅办理时，若客户仅能提供用电主体证明的，其他暂缺的办电基础资料，由客户经理现场勘查时上门收取。
（3）委托他人办理时，需同时提供授权委托书或单位介绍信（原件）和经办人有效身份证明（复印件）</td><td>客户询问暂停是否收费。
话术：您好，供电公司不收取费用。如果涉及客户工程的，由客户自行委托具备相应资质的单位并承担相应费用</td><td>客户询问暂停申请渠道。
话术：您好，可通过“网上国网”App、政务渠道、营业厅办理</td><td></td></tr>
</table>

续表

序号	诉求分类	诉求分类	话术				
2	用电变更	暂停（暂停恢复）	（3）委托他人办理时，需同时提供授权委托书或单位介绍信（原件）和经办人有效身份证明（复印件）				
			结束语："感谢您的来电，再见。"				
		暂换（暂换恢复）	开头语："您好！我是 ×× 供电公司工作人员，请问有什么可以帮您？"				
			客户咨询办理暂换所需材料。 话术：您好，您咨询的"暂换"业务，所需资料为： （1）《变更用电申请书》（营业厅提供）。 （2）法人代表有效身份证明（经办人办理时无需提供）、经加盖单位公章的营业执照（或组织机构代码证、宗教活动场所登记证、社会团体法人登记	**客户咨询办理暂换恢复所需材料。** 话术：您好，您咨询的"暂换恢复"业务，所需资料为： （1）《变更用电申请书》（营业厅提供）。 （2）法人代表有效身份证明（经办人办理时无需提供）、经加盖单位公章的营业执照（或组织机构代码证，宗教活动场所登记证，社会团体法人登记证书，军队或武警出具的办理用电业务的证明）。 （3）委托他人办理时，需同时提	**客户询问暂换是否收费。** 话术：您好，供电企业不收取任何服务费用	**客户询问暂换申请渠道。** 话术：您好，可通过"网上国网"App、政务渠道、营业厅办理	

续表

<table>
<tr><th>序号</th><th>诉求分类</th><th>诉求分类</th><th colspan="5">话术</th></tr>
<tr><td rowspan="5">2</td><td rowspan="5">用电变更</td><td rowspan="2">暂换（暂换恢复）</td><td>证书、军队或武警出具的办理用电业务的证明）。
（3）委托他人办理时，需同时提供授权委托书或单位介绍信（原件）和经办人有效身份证明（复印件）</td><td>供授权委托书或单位介绍信（原件）和经办人有效身份证明（复印件）</td><td></td><td></td><td></td></tr>
<tr><td colspan="5">结束语：“感谢您的来电，再见。”</td></tr>
<tr><td rowspan="2">移表</td><td colspan="5">开头语：“您好，我是 × × 供电公司工作人员，请问有什么可以帮您？”</td></tr>
<tr><td>客户咨询办理移表所需材料。
话术：您好，您咨询的“移表”业务，所需资料为：
居民主体证明任选其一：居民身份证明、临时身份证、户口本、军官证或士兵证、台胞证、港澳通行证、外国护照、外国永久居留证（绿卡），或其他有效身份证明文书（原件及复印件）。
有效身份证明复印件姓名需与客户名一致。
非居民主体证明任选其一：营业执照、组织机构代码证、</td><td>客户询问移表是否收费。
话术：您好，移表业务办理不收费。施工、材料等实际费用：如果涉及受电工程的，由客户自行委托具备相应资质的单位并承担相应费用</td><td>客户询问移表申请渠道。
话术：您好，可通过“网上国网”App、政务渠道、营业厅办理</td><td></td><td></td></tr>
</table>

续表

序号	诉求分类	诉求分类	话术				
2	用电变更	移表	宗教活动场所登记证、社会团体法人登记证书、军队或武警出具的办理用电业务的证明（复印件）				
			结束语：“感谢您的来电，再见！”				
		暂拆	开头语：“您好，我是 ×× 供电公司工作人员，请问有什么可以帮您？”				
			客户咨询办理暂拆所需材料。 话术：您好，您咨询的“暂拆”业务，所需资料为： 居民：有效身份证明［包括居民身份证、临时身份证、户口本、军官证或士兵证、台胞证、港澳通行证、外国护照、外国永久居留证（绿卡），或其他有效身份证明文书（原件及复印件）］。 非居民：主体证明［营业执照、组织机构代码证、	**客户咨询办理暂拆恢复所需材料。** 话术：您好，您咨询的“暂拆恢复”业务，所需资料为： 居民：有效身份证明［包括居民身份证、临时身份证、户口本、军官证或士兵证、台胞证、港澳通行证、外国护照、外国永久居留证（绿卡），或其他有效身份证明文书（原件及复印件）］。 非居民：主体证明［营业执照、组织机构代码证、宗教活动场所登记证、社会团体法人登记证书、军队或武警出具的办理用电业务的证明（复印件）］	**客户询问暂拆是否收费。** 话术：您好，暂拆业务不收取费用	**客户询问暂拆申请渠道。** 话术：您好，可通过“网上国网”App、政务渠道、营业厅办理	

续表

<table>
<tr><th>序号</th><th>诉求分类</th><th>诉求分类</th><th colspan="5">话术</th></tr>
<tr><td rowspan="5">2</td><td rowspan="5">用电变更</td><td rowspan="2">暂拆</td><td>宗教活动场所登记证、社会团体法人登记证书、军队或武警出具的办理用电业务的证明（复印件）]</td><td></td><td></td><td></td><td></td></tr>
<tr><td colspan="5">结束语：“感谢您的来电，再见。”</td></tr>
<tr><td rowspan="2">过户</td><td colspan="5">开头语：“您好，我是 ×× 供电公司工作人员，请问有什么可以帮您？”</td></tr>
<tr><td>客户咨询办理过户所需材料。
话术：您好，您咨询的“过户”业务，所需资料为：
（1）居民。①房屋产权所有人有效身份证明，如居民身份证（含临时）、户口本、军官证(士兵证)、台胞证、港澳通行证、外国护照、外国永久居留证（绿卡）、其他有效身份证明文书（原件及复印件）；②产权证明(复印件)或其他证明文书，如产权证、国有土地使用证、集</td><td>客户询问过户是否收费。
话术：您好，该项业务不收取费用</td><td>客户询问过户申请渠道。
话术：您好，可通过“网上国网”App、政务渠道、营业厅办理</td><td></td><td></td></tr>
</table>

续表

序号	诉求分类	诉求分类	话术				
2	用电变更	过户	体土地使用证、购房合同、法律文书、产权合法证明（复印件）、农村地区低压办电可提供村委会及以上出具的产权证明（原件）。 （2）非居民。客户用电主体证明（原件），如原户主和新户主的法人代表有效身份证明、经加盖单位公章的：新户主营业执照（或组织机构代码证，宗教活动场所登记证，社会团体法人登记证书，军队、武警出具的办理用电业务的证明）、产权证明（复印件）或其他证明文书，如产权证、国有土地使用证、集体土地使用证购房合同、法律文书、产权合法证明（复印件）、农村地区低压办电可提供				

续表

序号	诉求分类	诉求分类	话术				
2	用电变更	过户	村委会及以上出具的产权证明（原件）				
			结束语：“感谢您的来电，再见。”				
		更名	开头语：“您好，我是 ×× 供电公司工作人员，请问有什么可以帮您？”				
			客户咨询办理更名所需材料。 话术：您好，您咨询的“更名”业务，所需资料为： （1）居民。房屋产权所有人有效身份证明，如： ①居民身份证（含临时）、户口本、军官证（士兵证）、台胞证、港澳通行证、外国护照、外国永久居留证（绿卡）、其他有效身份证明文书（原件及复印件）。 ②产权证明（复印件）或其他证明文书，如产权证、国有土地使用证、集体土地使用证、购房合同、法律文书、产权合法证明	**客户询问更名是否收费。** 话术：您好，该项业务不收取费用	**客户询问更名申请渠道。** 话术：您好，可通过“网上国网”App、政务渠道、营业厅办理		

续表

序号	诉求分类	诉求分类	话术				
2	用电变更	更名	（复印件）、农村地区低压办电可提供村委会及以上出具的产权证明（原件）。 （2）非居民。客户用电主体证明（原件），如新户营业执照（副本）原件及复印件、新户资质机构代码证（副本）原件及复印件。 用电户名称变更证明材料，如工商变更登记或者户籍证明				
			结束语：“感谢您的来电，再见。”				
		分户	开头语：“您好，我是 ×× 供电公司工作人员，请问有什么可以帮您？”				
			客户咨询办理分户所需材料。 话术：您好，您咨询的“分户”业务需按新装办理，详见低压居民新装、增容业务受理携带材料，低压非居民新装、增容携	**客户咨询办理分户是否收费。** 话术：您好，您咨询的“分户”业务需按新装办理，详见低压居民新装、增容收费标准和低压非居民新装、增容收费标准	**客户询问分户申请渠道。** 话术：您好，可通过“网上国网”App、政务渠道、营业厅办理		

续表

序号	诉求分类	诉求分类	话术				
2	用电变更	分户	带材料，高压新装、增容业务受理携带材料				
			结束语：“感谢您的来电，再见。”				
		并户	开头语：“您好，我是 ×× 供电公司工作人员，请问有什么可以帮您？”				
			客户咨询办理并户所需材料？ 话术：您好，您咨询的“并户”业务，按照一户销户、一户增容业务办理，详见具体业务所需材料	**客户咨询办理并户是否收费。** 话术：您好，此业务按照一户销户、一户增容业务办理，详见具体业务所需材料	**客户询问并户申请渠道。** 话术：您好，可通过“网上国网”App、政务渠道、营业厅办理		
			结束语：“感谢您的来电，再见。”				
		临时用电延期	开头语：“您好，我是 ×× 供电公司工作人员，请问有什么可以帮您？”				
			客户咨询办理临时用电期限。 话术：您好，按照《供电营业规则》第十二条规定：“临时用电期限除经供电企业准许外，一般不得超过六个月，逾期不办理延	**客户咨询办理临时用电办理流程。** 话术：您好，临时用电流程为申请受理—现场勘察—合同续签	**客户咨询办理临时用电延期部分定金收取方式。** 话术：您好，不收取费用	**客户咨询办理临时用电延期加收临时接电费。** 话术：您好，不收取费用	**客户咨询办理临时用电延期部分定金收取方式。**

续表

序号	诉求分类	诉求分类	话术				
2	用电变更	临时用电延期	期或永久性正式用电手续的，供电企业应终止供电。”《河南省电力公司临时用电管理办法（试行）》第十六条规定：临时用电期限一般不超过3年，并在合同中明确，逾期不办理延期或永久性正式用电手续的，应按规定程序终止供电。 （1）临时用电期限由客户与供电企业约定。 （2）临时用电时间计算：从送电日起至拆表停电日止				话术：您好，不收取费用
			结束语：“感谢您的来电，再见。”				
		临时用电终止	开头语：“您好，我是 ×× 供电公司工作人员，请问有什么可以帮您？”				
			客户咨询办理临时用电终止销户所需材料。 话术：您好，您咨询的“临时用电销户”业务，所需	**客户咨询办理临时用电终止销户流程。** 话术：您好，可通过营业厅或网上国网等线上途径提出申请—现场勘查—拆表—确定表底数—结清	**客户咨询办理临时用电销户后定金退费的方式。** 话术：您好，临时		

续表

<table>
<tr><th>序号</th><th>诉求分类</th><th>诉求分类</th><th colspan="5">话术</th></tr>
<tr><td rowspan="6">2</td><td rowspan="6">用电变更</td><td rowspan="2">临时用电终止</td><td>资料为：客户申请临时用电销户所需材料：①用电申请单（销户）；②主体证明；③经办人身份证原件及授权委托书。
如无法提供委托经办人身份证时，可提供军官证、护照等有效证件</td><td>电费—归档销户</td><td>用电不收取定金费用，不需退费</td><td></td><td></td></tr>
<tr><td colspan="5">结束语：“感谢您的来电，再见。”</td></tr>
<tr><td rowspan="3">迁址</td><td colspan="5">开头语：“您好，我是 ×× 供电公司工作人员，请问有什么可以帮您？”</td></tr>
<tr><td>客户咨询办理迁址所需材料。
话术：您好，您咨询的“迁址”业务需按新装办理，详见低压居民新装、增容业务受理、低压非居民新装、增容业务受理</td><td>客户咨询办理迁址收费标准。
话术：您好，办理迁址业务按新装办理，具体详见：低压居民新装、增容业务收费标准、低压非居民新装、增容收费标准</td><td>客户询问迁址申请渠道。
话术：您好，可通过“网上国网”App、政务渠道、营业厅办理</td><td></td><td></td></tr>
<tr><td colspan="5">结束语：“感谢您的来电，再见。”</td></tr>
</table>

续表

序号	诉求分类	诉求分类	话术				
			开头语："您好，我是 ×× 供电公司工作人员，请问有什么可以帮您？"				
2	用电变更	改压	**客户咨询办理改压所需材料。** 话术：您好，您咨询的"改类"业务，所需资料为： ①高压客户、低压非居民客户改压申请材料：主体证明（任选其一，需提供复印件）包括营业执照、组织机构代码、宗教活动场所登记证、社会团体法人登记证书、军队或武警出具的办理用电业务的证明，产权证明：包括产权证、国有土地使用证、集体土地使用证、购房合同、法律文书、产权合法证明，农村地区低压办电可提供村委会及以上出具的产权证明（原件），符合主要客户认定条件（见《重要电力用户供电电源及自备应急电源配置技术规范》	**客户询问改压是否收费。** 话术：您好，该项业务不收取费用	**客户询问改压申请渠道。** 话术：可通过"网上国网"App、营业厅、微信公众号办理		

续表

序号	诉求分类	诉求分类	话术				
2	用电变更	改压	（GB/T 29328—2018），另需提供政府部门批复、核准或备案文件）；②居民客户改压申请材料主体证明（任选其一，需提供原件）居民身份证、临时身份证、户口本、军官证或士兵证、台胞证、港澳通行证、外国护照、外国永久居留证（绿卡），或其他有效身份证明文书，产权证明（任选其一，需提供复印件）：包括产权证、国有土地使用证、集体土地使用证、购房合同、法律文书、产权合法证明，农村地区低压办电可提供村委会及以上出具的产权证明（原件） 注：委托代理人办理，另外需提供：①经办人有效				

续表

序号	诉求分类	诉求分类	话术				
2	用电变更	改压	身份证明（复印件）； ②授权委托书或单位介绍信抵押或借贷协议是不能作为产权证明的，在提供抵押或借贷协议的同时，还需提供原房主的产权证明材料原件及原房主的授权委托书				
			结束语：“感谢您的来电，再见。”				

2.1.3.2 分布式电源并网服务

对于各种渠道受理的客户，营业员根据电压等级将申请传递至高、低压业扩人员。业扩人员完成现场勘察、答复接入方案、图纸审核、计量装置安装（计量人员参与）、并网验收（计量人员、用电检查人员参与）与调试、签订合同整理资料归档等环节后，客服人员进行回访，服务结束。

2.1.3.3 减容、暂换、减容恢复、暂换恢复

对于各种渠道受理的客户申请，营业员根据客户地址、户号确定高压检查员。高压检查员完成现场勘察及方案答复、图纸审核（仅限重要或有特殊负荷的客户）、中间检查（仅限重要或有特殊负荷的客户）、竣工检验、供用电合同变更、装表接电［含特抄、设备封停（启封）］等环节，将客户资料归档后，客服人员进行回访，服务结束。

2.1.3.4 暂停、暂拆

对于各种渠道受理的客户申请，营业员根据客户地址、户号确定用电检查人员。由用电检查人员联系客户，完成现场勘察、停电手续办理、现场拆表、设备封停、客户资料归档等环节后，客服进行回访，服务结束。

2.1.3.5 暂停恢复、复装

对于各种渠道受理的客户申请，营业员根据客户地址、户号确定用电检查员。由用电检查员联系客户，完成现场勘察、办理停电手续、装表接电、设备启封、客户资料归档等环节后，客服人员进行回访，服务结束。

2.1.3.6 过户、更名

对于各种渠道受理的客户申请，营业员根据客户地址、户号确定用电检查员，用电检查员完成现场勘察、电费结算（更名业务不涉及此环节）、供用电合同签订、客户资料归档后，服务结束。

2.1.3.7 销户

对于各种渠道受理的客户申请，营业员根据客户地址、户号确定用电检

查员，经用电检查员完成现场勘察，组织计量人员拆表（含采集终端）实施停电、结清相关费用、终止合同、客户资料归档等环节，服务结束。

2.1.3.8 改类

对于各种渠道受理的客户申请，营业员根据客户地址、户号确定用电检查员，经用电检查员现场勘察、供用电合同签订、计量人员装表接电、用电检查员整理客户资料归档后，服务结束。

2.1.3.9 迁址、移表、分户、并户、改压

对于各种渠道受理的客户申请，营业员根据客户地址、户号确定用电检查员。经用电检查员完成现场勘察及方案答复、图纸审核中间检查（仅限重要客户或有特殊负荷的客户，配电运检人员、高压用电检查人员参与）、竣工检验（配电运维人员、计量人员、高压用电检查员）、供用电合同签订、装（换）表接电（含采集终端）、资料归档等环节后，客服人员进行回访，服务结束。

2.1.3.10 临时用电延期

对于各种渠道受理的客户申请，营业员根据客户地址、户号确定用电检查员。经用电检查员现场勘察，与客户签订新的供用电合同，用电检查员整理资料归档后，客服人员进行回访，服务结束。

2.1.3.11 临时用电终止

对于各种渠道受理的客户申请，营业员根据客户地址、户号确定用电检查员，用电检查员现场勘察后，组织客户结清相关费用，组织计量人员拆除计量装置终止供电，作废供用电合同，整理客户资料归档，服务结束。

2.1.3.12 市政代工

营业员根据市政工程电压等级需求，将业务转派至高、低压业扩人员。根据项目实际情况，参照高、低压新装增容、变更类业务流程办理。

2.1.4 诉求处理要求

2.1.4.1 台区经理接收到线上申请

台区经理收到线上业务办理申请后，告知客户业务处理人员，并督促业务处理人员在规定的时间内联系客户，与客户建立沟通。根据业务类型，台区经理应根据业务内容区别联系客户，按环节进程保障时限要求，准确掌握客户感知。

2.1.4.2 台区经理接收到线下申请

台区经理收到线下业务办理申请后，告知客户办理业务所需资料，并引导客户通过线上渠道或营业厅办理。台区经理督促业务处理人员在规定的时间内联系客户，与客户建立沟通。根据业务类型，客户经理应根据业务内容区别联系客户，按环节进程保障时限要求，准确掌握客户感知。

2.2 故障抢修服务

2.2.1 业务内容

供电企业受理客户对供电企业产权范围内的供电设施故障报修后，到达现场进行故障处理、恢复供电的服务。

2.2.2 标准应答话术（见表 2-2）

如不属以上原因停电，通过问询核实客户停电范围，预判故障电压等级，将客户地址、联系方式、客户所述现场情况传递至高、低压抢修人员。抢修人员按照时限要求与客户联系到场排查处理故障。故障解决送电后，服务结束。

2.2.3 诉求响应流程

2.2.3.1 线下渠道

台区经理、营业员首先询问客户故障具体情况，如属内部故障、欠费停电、非直供客户、台区、线路故障停电、有序用电、违约用电等原因停电，按照对应应答话术解释办结。

表 2-2　故障抢修服务标准应答话术

<table>
<tr><th>诉求分类</th><th>诉求分类</th><th colspan="5">话术</th></tr>
<tr><td rowspan="3">故障抢修服务</td><td rowspan="3">故障报修</td><td colspan="5">开头语："您好，我是 ×× 供电公司工作人员，请问有什么可以帮您？"</td></tr>
<tr><td>客户报修家中停电。
话术：您好，请您提供一下您的用户编号，我帮您查询一下。
（1）可以提供户号。我们现在帮您通知抢修人员到现场检查处理，请您保持电话畅通，稍后会有工作人员与您联系。
（2）无法提供户号。请问您电费是交到哪里呢</td><td>非供电公司维护范围（客户的电费交给物业或村大队，隔离开关烧毁）。
话术：很抱歉，您所报修的故障按产权划分不属于供电公司维护范围，为了不影响您的正常用电，建议您尽快联系您的小区物业或者是您的产权单位，以便尽快为您解决用电问题</td><td>已查询到故障报修信息。
话术：经查询，您反映的停电问题已经有其他客户反映了，现已派出抢修人员，请您再耐心等待一下</td><td>查询到客户存在欠费信息。
话术：经查询，您的电费余额不足，已处于欠费状态，为了尽快恢复正常用电，请您及时缴纳电费</td><td>怎么看不到抢修人员。
话术：多户：抢修人员正在努力巡查故障，具体的故障点可能不在您的视线范围内，但请您相信，工作人员正在全力抢修，一旦抢修完毕会立刻送电，十分抱歉给您的生活带来不便。
单户：看到您在 ×× 时间报修了自己家没电，现在已经派出抢修人员了，请您再耐心等待一下</td></tr>
<tr><td colspan="5">结束语："感谢您的来电，再见。"</td></tr>
</table>

2.2.3.2 线上渠道

按照属地原则派发至抢修队，抢修人员与客户电话联系，两人成组到场排查处理故障，处理完毕后按照现场情况回复工单，客服按照工单回复内容回访客户，服务结束。

2.2.4 诉求处理要求

2.2.4.1 客户反应单户停电

首先确定该区域是否存在计划停电，有计划停电的告知计划恢复时间，无计划停电的引导客户自行查看室内空气开关及电能表状态，确定是否欠费停电；均无问题的督促抢修人员按照规定时间到达现场，客户经理在停电发生后及时联系客户，确定是否已恢复供电或者告知客户抢修进程。

2.2.4.2 客户反应多户无电

首先确定该区域是否存在计划停电，有计划停电的告知计划恢复时间，无计划停电的督促抢修人员按照规定时间到达现场，客户经理在停电发生40min（分钟）后联系客户，确定是否已恢复供电或者告知客户抢修进程。

2.3 咨询服务

2.3.1 业务内容

供电企业为客户提供电价电费、停送电信息、供电服务信息、用电业务、业务收费、客户资料、计量装置、法律法规、服务规范、能效公共服务、电动汽车充换电、用电技术及常识等内容的咨询服务。

2.3.2 标准应答话术（见表 2-3）

表 2-3 咨询服务标准应答话术

诉求分类	诉求分类	话术					
咨询服务	电价电费	开头语：“您好，我是 ×× 供电公司工作人员，请问有什么可以帮您？”					
		客户反映物业收取电费高。 话术：您好！根据您反映的情况，电费目前是由物业抄表并收取的，不属供电公司直供客户。供电企业严格执行国家规定的电价标准向物业收取费用，您可向物价监管部门反映	**客户反映物业收取电费高，由物业管理的住户希望可以改为供电公司直接抄表收费。** 话术：您好，需用户所在小区负责人向供电公司提出改造申请，供电公司人员进行现场勘察，具备供用电条件并验收合格后，可成为供电公司直供用户	**客户咨询电表烧坏，表计不走，电费如何结算。** 话术：您先不要着急，针对电表不计度数，我们会以您往月正常用电量为基准，按正常月与故障月的差额补收相应电量的电费，补收时间按抄表记录或按失压自动记录仪记录确定。（引自《供电营业规则》）	**客户反映我们家的电费这个月怎么用这么多啊，会不会电表走快了，还是坏了（客户投诉电费过高）。** 应答话术：您好，请提供您的用户编号，根据您的用电信息分析电费高的原因。主要有以下几种：①客户家中近期是否增加了大功率电器或使用时间；②计量装置故障；③阶梯电价进入第二挡或第三挡；④窃电原因；⑤内部线路漏电（农村潜式水泵漏电居多）；⑥抄见电量有误，根据实际情况答复		
		结束语：“感谢您的来电，再见。”					

续表

诉求分类	诉求分类	话术					
咨询服务	停送电信息	**客户询问停送电信息、如何查询。**话术：您好，您可通过95598智能互动网站、“网上国网”App、95598服务热线、国网河南省电力公司微信公众号进行查询					
	用电业务	具体用电业务办理可参照具体业务办理话术					
	业务收费	具体业务收费问题可参照具体业务办理话术					

续表

诉求分类	诉求分类	话术					
咨询服务	客户资料	**客户需要查询客户资料信息。** 话术：您好，请提供您的户号，我们需要核验您的身份信息，请您提供户名/联系电话/身份证号码，通过核对信息，您提供的信息正确，可以帮您查询	**客户提供信息错误或无法提供，客服人员应从保护客户信息安全的角度，耐心为客户解释，并建议客户获取正确信息后，再次来电咨询。** 话术：非常抱歉，您提供的信息与系统中查询到的不一致，为了保护客户用电信息安全，建议您可以找一个电费通知单/电费发票/供电公司发送的短信/用电卡，获				

续表

诉求分类	诉求分类	话术					
咨询服务	客户资料		取正确的户号，或者查看电能表条形码附近 413 开头的表号后再次来电				
	计量装置	**客户怀疑计量装置不准，拒绝缴纳电费。** 话术：您好，供电公司安装的计量装置在出厂和安装之前都经过严格的校验合格后才可安装。如怀疑表计异常，您可到所辖供电营业厅申请校验电表，校验前需要结清电费，我们会根据校验的结果进行退补电	**客户反映家里没有住人为什么有度数。** 话术：你好，家用电器在待机状态下也会消耗电量，请您在家中无人时，将总电源开关断开	**客户反映断开家里的负荷开关，发现电能表仍然转动。** 话术：断开负荷侧开关，电能表仍然转动，有几种可能：①表后线接反；②表计故障；③有人窃电；④线路有漏电现象；⑤表计错位等。如果认为是表计问题，请您携带您的有效证件及相关手续到营业大厅办理校表手续	**客户反映我的电能表停走了，你们让我补交了 1000 多度的电量，你们有什么规定。** 话术：根据《供电营业规则》第八十条第 3 款规定其他非人为原因致使计量记录不准时，以用户正常月份的用电量为基准，退补电量，退补时间按抄表记录确定	**客户反映我们这有一栋楼，近几个月总表电量与分表电量总是对不上，损耗达到了 40% 以上，这是怎么回事。** 话术：总表和分表电量对不上一般有几种情况：第一种是总表不准，第二种是分表不准，第三种是总表和分表之间线路较长，损耗较大，第四种	**客户反映我家电能表前一个月烧坏了，刚在大厅办理的赔表，现在你们轮换电能表，我觉得我自己掏钱买的电能表应该给我，或者退钱。** 话术：您好，根据《供电营业规则》，电能表的产权归属于供电公司，除供电企业责

续表

诉求分类	诉求分类	话术					
咨询服务	计量装置	量电费。营业厅地址：×××				是个别分表用户有窃电行为，第五种是总表与分表抄表时间不一致。如果您认为总表计量不准，可到营业大厅申请校验	任或是不可抗力造成的表计损坏，均需要客户进行赔偿。（引自《供电营业规则》第七十七条规定）
	法律法规	客户询问相关法律法规如何查询。话术：您好，您可通过95598智能互动网站、“网上国网”App、95598服务热线、国网河南省电力公司微信公众号进行查询					
	服务规范	无					

2.3.3 诉求响应流程

2.3.3.1 线下渠道

台区经理、营业员受理客户咨询后，严格履行首问负责制，可以当即答复的，按照业务政策进行答复。不能当即答复的，向客户说明原因，记录下客户问题与联系方式，咨询相关专业后，致电客户完成答复，服务结束。

2.3.3.2 线上渠道

受理客户咨询后，供电服务指挥中心按照属地进行派发至相关部门，责任班组落实答复后填写工单，下派部门按照回单内容回访客户，服务结束。

2.3.4 诉求处理要求

（1）台区经理应答复的必须直接答复客户，并记录客户信息、咨询内容、答复内容。

（2）台区经理无法直接答复客户的，应说明原因，告知客户 5 个工作日内答复，办结后记录客户信息、咨询内容、答复内容。

2.4 投诉、举报、意见和建议受理服务

2.4.1 业务内容

供电企业受理客户的投诉、举报、意见和建议，按规定向客户回复处理结果。

2.4.2 标准应答话术（见表 2-4）

2.4.3 诉求响应流程

2.4.3.1 线下渠道

台区经理、营业员接到客户诉求后，对于投诉、性质较严重的意见、举报等客户诉求，通知到部门主管领导。由领导带队，责任班组配合，对客户开展现场走访，调查处理情况，解决客户提出的合理诉求，服务结束。对于一般意见、举报、建议类客户诉求，根据业务分类，派发至责任班组，班组联系客户处理完毕后，服务结束。

表 2-4　　投诉、举报、意见和建议标准应答话术

<table>
<tr><th>诉求分类</th><th>诉求分类</th><th colspan="3">话术</th></tr>
<tr><td rowspan="6">投诉、举报、意见和建议受理服务</td><td rowspan="3">投诉</td><td colspan="3">开头语：“您好，我是 ×× 供电公司工作人员，请问有什么可以帮您？”</td></tr>
<tr><td>客户要求投诉。
话术：您好，您先别着急，麻烦您把事情经过先讲述一下可以吗？</td><td>客户阐述完毕。
话术：非常抱歉，我们的服务给您带来不好的体验，您的心情我非常理解，您放心，您反映的问题，我们一定会调查清楚，给您一个合理的解决方案</td><td>客户情绪激动、语言粗暴。
话术：先生 / 女士，您先别着急，我非常理解您的感受，我们的服务给您带来不好的体验，我代表公司向您表达真诚的歉意。非常感谢您一直以来对供电公司的支持，也许我们的工作还存在些许不足，非常希望得到您的谅解</td></tr>
<tr><td colspan="3">结束语：“感谢您的来电，再见。”</td></tr>
<tr><td rowspan="3">举报</td><td colspan="3">开头语：“您好，我是 ×× 供电公司工作人员，请问有什么可以帮您？”</td></tr>
<tr><td>话术：您反映的情况我们已如实记录，我们会及时反馈给公司相关负责人员进行调查核实，非常感谢您对我们工作的支持</td><td></td><td></td></tr>
<tr><td colspan="3">结束语：“感谢您的来电，再见。”</td></tr>
</table>

续表

诉求分类	诉求分类	话术		
投诉、举报、意见和建议受理服务	意见	开头语：“您好，我是 ×× 供电公司工作人员，请问有什么可以帮您？”		
		话术：感谢您提出的宝贵意见，我们会及时反馈给公司相关负责人员，与您联系、帮助解决		
		结束语：“感谢您的来电，再见。”		
	建议	开头语：“您好，我是 ×× 供电公司工作人员，请问有什么可以帮您？”		
		客户对供电公司工作提出建议。 话术：感谢您提出的宝贵建议，我们会及时反馈给公司相关负责人员		
		结束语：“感谢您的来电，再见。”		

2.4.3.2　线上渠道

受理客户诉求后，供电服务指挥中心根据属地原则进行派发至相关部门，责任班组落实处理完毕后填写工单，下派部门按照回单内容回访客户，客户对此无异议（排除不合理诉求客户），则服务结束。

2.4.4　诉求处理要求

（1）台区经理受理客户投诉后，24h（小时）内联系客户，5个工作日内答复客户。

（2）台区经理受理客户举报、建议、意见业务后，应在10个工作日内答复客户。

（3）台区经理处理客户投诉应以事实为依据，以法律为准绳，以维护客户的合法权益和保护国有财产不受侵犯为原则。

（4）台区经理严守保密制度，尊重客户意愿，满足客户匿名合理需求，为投诉举报人做好保密工作。

（5）台区经理不准阻塞客户投诉举报渠道，不准隐瞒、隐匿、销毁投诉举报内容证据情况，不准打击报复投诉举报人。

2.5　用电异常服务申请

2.5.1　业务内容

供电企业受理客户的欠费复电登记、电器损坏核损、电能表异常、抄表数据异常、服务平台异常等服务申请，按规定向客户回复处理结果。

2.5.2 标准应答话术（见表 2-5）

表 2-5　　用电异常服务申请标准应答话术

诉求分类	诉求分类	话术						
用电异常服务申请	欠费复电登记	开头语："您好，我是 ×× 供电公司工作人员，请问有什么可以帮您？"						
		客户咨询未收到催费或欠费停电通知被停电。 话术：您好，为响应"节约型社会"建设要求，现已逐步调整为免费短信的方式告知客户欠费信息，并且河南居民客户大部分为智能交费客户，都是通过发送停电通知告知客	**客户询问交清欠费后超过24h（小时）未复电。** 查询客户电费及违约金是否已结清，如已结清，排除客户内部故障原因后，按照相关业务规范处理。 话术：你好，很抱歉给您带来不便，我们将立即催办相关工作人员，争取尽	**客户询问交清欠费后多久复电。** 智能缴费客户： 话术：你好，您在收到复电短信后，在两个小时内按照短信提示，编辑短信内容"YCFD#户号"发送至95598，收到短信回复后，系统会2h（小时）内恢复供电。 注：如客户刚交完欠费不到两个小时，请客服专员告知客户耐心等待，两小时之内会恢复供电，如客户足额				

续表

诉求分类	诉求分类	话术						
用电异常服务申请	欠费复电登记	户，故不再张贴电费通知单	快为您送电	交费后超过两小时家中还没有电，客服专员可在排除客户内部故障后按照业务规范派单。 非智能缴费客户： 话术：您好，经核查确实为欠费停电，供电公司会在24h（小时）之内尽快恢复供电（如客户反映超出24h（小时）仍未复电，帮助客户排查家中是否存在故障）				
		结束语："感谢您的来电，再见。"						

续表

诉求分类	诉求分类	话术						
		开头语："您好，我是 ×× 供电公司工作人员，请问有什么可以帮您？"						
用电异常服务申请	电器损坏核损	**客户咨询停电造成电器损坏。** （1）属供电企业责任。 话术：您好，您反映的问题我们已经登记，会尽快督促保险公司进行处理。 （2）非供电企业责任。 话术：您好，您反映的问题我们已经上报保险公司核查处理，保险公司反馈，此次电器						

续表

诉求分类	诉求分类	话术						
用电异常服务申请	电器损坏核损	核算非供电企业原因造成，不在理赔范围						
		结束语：“感谢您的来电，再见。”						
	电能表异常	开头语：“您好，我是 ×× 供电公司工作人员，请问有什么可以帮您？”						
		客户咨询电能表接线故障如何处理。 话术：您好，您反映的问题我们已经记录，会尽快核查处理	**客户咨询电能表计量允许误差。** 话术：您好，根据DL/T 448—2016《电能计量装置技术管理规程》，电能表的计量允许误差依据电能表的计量准确度等级	**客户咨询电能表打火、自转、停电、异响等异常如何处理。** （1）供电公司原因。 话术：您好，我们已经记录，会尽快安排抢修人员到达现场，确认故障性质，尽快修复故障，恢复供电。 （2）客户自身原因。 话术：您好，因客	**客户咨询电能表烧坏如何处理。** （1）供电公司资产。 话术：您好，我们已详细记录，会尽快安排抢修人员现场确认，再根据现场情况核实是否需到营业厅办理计量装置故			

续表

诉求分类	诉求分类	话术						
用电异常服务申请	电能表异常		不同进行划分，电能表按有功电能计量准确度等级可分为：0.2s、0.5s、1、2四个等级，根据安装环境不同推荐使用电能表。正常居民用电三相采用1级电能表：即计量允许误差为 ±1%；单相采用2级电能表：即计量允许误差为 ±2%	户自身原因导致客户产权范围内中性线与相线接反的情况，与供电公司无关。需要您自行联系专业的维修人员处理	障手续。 （2）客户资产。 话术：您好，电能表资产非供电企业，建议您找产权所属单位处理			
		结束语："感谢您的来电，再见。"						

续表

诉求分类	诉求分类	话术						
用电异常服务申请	抄表数据异常	开头语：“您好，我是××供电公司工作人员，请问有什么可以帮您？”						
		客户咨询抄表数据异常如何处理。 话术：您好，请提供下您的用户编号或现场电能表实际示数。尊敬的客户非常抱歉，我们将记录您的问题，并立即反馈至相关部门解决，给您带来不便，敬请谅解						
		结束语：“感谢您的来电，再见。”						

续表

诉求分类	诉求分类	话术						
用电异常服务申请	服务平台异常	开头语：“您好，我是 ×× 供电公司工作人员，请问有什么可以帮您？”						
		客户咨询网上国网App系统异常如何处理。 话术：您好，目前系统正在检修，请您稍后重试，给您带来不便敬请谅解	**客户咨询网上国网查询、办电业务和交费功能使用异常如何处理。** 话术：①您好，为了更好地帮您核实具体情况，需要您提供下网上国网App的登录账号、户号（新装业务没有户号）；②请问您操作时间是什么时候（具体到分）；③请问您使	**客户咨询网上国网App户号管理页面绑定户号时，用户类别显示错误，如何处理。** 话术：您好，请问您的户号是什么？户号类别应该是什么？ 尊敬的客户非常抱歉，我们将记录您的问题，并立即反馈至相关部门解决，给您带来不便，敬请谅解	**客户反映网上国网解绑户号失败如何处理。** 话术： （1）您好，请您切换网络试一下，是否恢复正常。 （2）请您点击我的—设置—缓存清理，看是否恢复正常。 （3）请您点击“我的—设置—关于我们—版本检测”将App	**客户咨询网上国网登录或使用过程中提示“证书错误”如何处理。** 话术：您好，网上国网App登录或使用功能的时候提示“证书错误”是由于操作系统版本不符合App使用证书要求，目前网上国网App仅支持安卓6.0以上、ios10.3以上版本的操作	**客户咨询网上国网解绑银行卡失败如何处理。** 话术：您好，请您点击我的—我的资产—银行卡，左滑要解绑的银行卡，点击删除解绑银行卡，解绑成功后用户可看见解绑成功提示信息。 尊敬的用户您好，请提供您的联系方式、	**客户咨询95598智能互动网站异常如何处理。** 话术：您好，请您先检查网络环境，确保网速正常，清理电脑缓存、内存等，保证电脑没有被大的程序占用。然后请您登录www.95598.cn网站后直接跳转至sgcc.com.cn网站，无法正常登录时，建议您点

续表

诉求分类	诉求分类	话术						
用电异常服务申请	服务平台异常		用那个功能的时候遇到问题，具体的操作步骤是什么？请问您操作时有何其他提示？ 尊敬的客户非常抱歉，我们将记录您的问题，并立即反馈至相关部门解决，给您带来不便，敬请谅解		手机到最新版本后再次尝试。尊敬的客户非常抱歉，我们将记录您的问题，并立即反馈至相关部门解决，给您带来不便，敬请谅解	系统，低于这些版本证书不支持。抱歉给您带来不便，敬请谅解，建议您更换其他手机使用网上国网App	银行卡号，开户银行，操作账号及操作步骤提示等信息，我们将安排技术人员进行排查，并将处理结果及建议反馈给您，感谢您的理解与支持	击“在线服务”—“客户服务”，可跳转至95598智能互动网站
		结束语：“感谢您的来电，再见。”						

2.5.3　诉求响应流程

2.5.3.1　线下渠道

台区经理、营业员接到客户诉求后，核实客户基础信息，根据客户诉求内容、电压等级、所属区域，将客户诉求、联系方式传递到对应责任班组、人员。欠费复电、电能表异常、抄表数据异常类诉求传递至抄催人员，服务平台异常类诉求传递至系统监控人员，电器损坏核损类诉求传递至用电检查人员，相关人员处理答复客户后，服务结束。

2.5.3.2　线上渠道

供电服务指挥中心按照属地进行派发至相关部门，责任班组调查处理后填写工单，下派部门按照回单内容回访客户，服务结束。

2.5.4　诉求处理要求

（1）电器损坏。核损业务台区经理在 24h（小时）内到达现场。

（2）电能表异常。业务台区经理在 5 个工作日内处理。

（3）抄表数据异常。业务台区经理在 5 个工作日内核实。

（4）服务平台异常。业务台区经理在 3 个工作日内核实处理。

（5）其他服务申请类。业务台区经理在 5 个工作日内处理完毕。

2.6　客户信息更新服务

2.6.1　业务内容

供电企业为客户提供联系方式、业务密码等客户信息更新的服务。

2.6.2　标准应答话术（见表 2-6）

表 2–6　　客户信息更新服务标准应答话术

诉求分类	诉求分类	话术				
		开头语："您好，我是 ×× 供电公司工作人员，请问有什么可以帮您？"				
客户信息更新服务	客户信息更新	**客户咨询增值税纸质普通发票信息变更。** 话术：您好，客户增值税信息变更后，需携带营业执照、开票信息和税务事项确认书或一般纳税人认定表到所属营业厅办理变更事宜	**客户咨询智能交费短信变更如何办理？** 话术：您好，办理短信提醒业务变更可以携带户主身份证前往营业厅进行联系方式变更，或致电 95598，客服专员派发非抢修工单，由地市工作人员核实处理。 （1）情况一：账务联系人（户主本人）更改手机号码。需到客户所属营业厅更改，各地市更改客户档案信息中的联系方式所需携带资料、办理流程、收费标准有地市差异，详见各地市智能交费更改	**客户咨询电动汽车充电卡信息变更。** 话术：您好，充电卡信息变更只针对实名卡，目前需要客户前往营业厅填写变更确认表，由营业厅工作人员进行变更操作（现在只允许变更本人身份证照片，不能变更持卡人等信息）	**客户咨询市场化用户更名流程。** 话术：您好，市场化交易客户申请更名，可通过网上国网 App、供电公司营业厅申请办理，携带材料详见更名过户携带材料。 注： （1）只有企业名称变更、统一社会信用代码未发生变化时，可以直接变更。 （2）若企业名称变更的同时，统一社会信用代码等信息均发生变化，等同于该用户所有户号的过户操作，供电公司相关部门首先确认相关户号已经在交易系统注销退	**客户咨询更改联系方式办理渠道。** 话术：您好，更改联系方式可通过以下渠道办理： （1）营业厅办理。详见居民更改联系方式携带材料、非居民更改联系方式携带材料。 （2）95598 热线。详见电话受理更改档案信息流程。 （3）"网上国网"App 详见网上国网用户信息维护流程

续表

诉求分类	诉求分类	话术				
客户信息更新服务	客户信息更新		联系方式。 （2）情况二：普通联系人（如户主家人、租房者）更改手机号码。可直接通过 95598 订阅和退订		市（即用户需提供退市相关证明）	
		结束语：“感谢您的来电，再见。”				

续表

诉求分类	诉求分类	话术				
客户信息更新服务	密码变更	开头语：“您好，我是 ×× 供电公司工作人员，请问有什么可以帮您？”				
		客户咨询 95598 网站登录密码修改方法。 话术：您好，修改密码方法如下：①登录后，将鼠标放置网页右上角户名处则会出现下拉菜单—“资料修改”—点选“密码修改”；②输入“原密码”“新密码”等，点击“确认”即可				
		结束语：“感谢您的来电，再见。”				

2.6.3 诉求响应流程

2.6.3.1 线下渠道

台区经理、营业员接到客户诉求后，首先与客户核对身份信息，对于涉嫌窃取信息的情况，按照标准应答话术答复办结。核实客户身份信息无误的，台区经理、营业员按照客户要求变更联系方式、重置业务密码后答复客户，服务结束。

2.6.3.2 线上渠道

受理客户信息更新诉求后，供电服务指挥中心按照属地进行派发至相关部门，责任班组处理解决后填写工单，下派部门按照回单内容回访客户，服务结束。

2.6.4 诉求处理要求

台区经理应准确验证客户身份，遵守保密工作要求。

2.7 交费服务

2.7.1 业务内容

供电企业向客户提供电子渠道交费、自助服务终端交费、坐收、代扣、代收交费等多种方式的交费服务。

2.7.2 标准应答话术（见表 2–7）

表 2–7　交费服务标准应答话术

诉求分类	诉求分类	话术			
交费服务	交费问题	开头语：“您好，我是 ×× 供电公司工作人员，请问有什么可以帮您？”			
		客户咨询分布式光伏发电交费方式。 话术：您好，分布式光伏发电项目所发电量可以全部上网或全部自用或自发自用余电上网，由客户自行选择，客户自用不足电量由电网企业提供，自用有余电量可以上网，上、下网电量分开结算，电价执行国家相关政策。 例：客户光伏发电 20kV·h，客户使用 10kV·h，剩余 10kV·h，由于客户自身无储电设备，剩余 10kV·h 电量自动上网，客户夜间所使用的电量由供电公司提供，需向供电公司缴纳电费，并不能与已经上网的光伏发电电量相抵扣。	**客户咨询智能交费催费方式。** 话术：您好，催费渠道：短信催费。在供电公司登记正确电话号码的费控客户，一般不会收到纸质通知单，目前我们是通过发送电费短信告知客户用电信息。 若短信催费失败、短信发送失败、系统自动停电失败时，产生当月结算电费欠费的情况下，我们的工作人员会通过电话或上门送达纸质通知单的方式进行告知	**客户咨询智能交费实际交纳金额与发票显示金额不符。** 话术：您好，智能交费实际交纳金额含预收电费，发票上体现的金额是月度结算电费信息，未结算前预存的电费仅能开具收据，所以不一致	**客户咨询智能交费是否限制交费金额。** 话术：您好，预存金额多少由客户自主选择，为了方便客户，避免欠费停电，建议根据以往用电情况，预存一个月的电费，无预存上限限额规定

续表

诉求分类	诉求分类	话术			
交费服务	交费问题	阴雨天气也是一样，不能发电的时候使用电量为供电公司提供，无法与已经上网的光伏发电电量相抵扣			
		结束语：“感谢您的来电，再见。”			
	交费查询	开头语：“您好，我是 ×× 供电公司工作人员，请问有什么可以帮您？”			
		客户咨询智能交费电费余额查询方法。 话术：您好，电费余额查询有以下几种方式：①短信查询：供电公司向客户发送余额提醒、停电预警、月账单通知（需客户订阅“电费”短信），短信模板及发送条件详见：短信催费内容；②电子渠道查询：河南省智能交费客户可在“网上国网”、电 e 宝、95598 网站、支付宝、微信等查询电费电量及智能交费客户可用余额；③客户可前往营业厅：提	**客户咨询智能交费电费结算原则。** 话术：您好，以营销业务应用系统的电费算法和记录的客户档案信息为依据：①每日零点自动采集客户电能表示数并计算前一日电量、电费；②按月计算的基本电费、变压器损耗电量电费、定量电费按日折算（营销基本费是发行当日计算自然月整个月的基本费，所以费控基本费在发行之后至月末，不再计算基本费）；③功率因数调整电费不参与测	**客户咨询网上国网智能交费服务开通方法。** 话术：您好，交费服务开通步骤如下：①登录网上国网首页，点击“住宅”—热点功能“更多”—“智能交费签约”—“去开通”或“添加用电户号”—选择交费地区，输入用电户号，进入填写相关信息即可开通智能交费业务；②智能交费用户根据用电情况设置提醒金额和充值金额，提醒金额最低 0 元，最高 5000 元；充值金额最少 20 元，最多 5000 元；	**客户咨询微信公众号交费记录查询方法。** 话术：您好，进入“国网河南省电力公司”对话框，点击“豫电管家”—右上角“去交费”—输入查询户号—点击右下方“交费记录查询”

续表

诉求分类	诉求分类	话术			
交费服务	交费查询	供客户编号进行查询，详见供电营业厅网点信息；④ 95598 热线查询：客户可拨打 95598 热线，提供户号进行查询	算，在电费发行时计算到用户电费中；④当客户交费时，应根据最新一次抄表计算结果与最新余额发起余额实时测算。 注：实行智能交费之后，在进行电量电费计算时，会按照正常的阶梯或分时电价计算电量电费	③用户可在充值方式处选择开通电费代扣，当用户电费余额小于提醒金额时按充值金额自动为用户交纳电费；④付款方式有银行卡、交费盈、微信、支付宝等多种方式。在设置扣款方式处可以增加或删除付款银行卡，并通过长按拖动操作调整付款方式顺序；⑤勾选同意《低压电力智能交费服务协议》《电费代扣服务协议》，点击“确定开通”按钮，开通智能交费业务；⑥系统会将签约信息及协议传输至营销系统，用户无需线下再签约	
		结束语：“感谢您的来电，再见。”			
	电费结算、代扣	开头语：“您好，我是 ×× 供电公司工作人员，请问有什么可以帮您？”			
		客户咨询智能交费电费结算原则。 话术：您好，以营销业务应	**客户咨询银行代扣流程。** 话术：您好，银行代扣流程：一般来说银行代扣的	**客户咨询银行代扣适用范围。** 话术：您好，银行代扣适	

续表

诉求分类	诉求分类	话术			
交费服务	电费结算、代扣	用系统的电费算法和记录的客户档案信息为依据： （1）每日零点自动采集客户电能表示数并计算前一日电量和电费。 （2）按月计算的基本电费、变压器损耗电量电费、定量电费按日折算（营销基本费是发行当日计算自然月整个月的基本费，所以费控基本费在发行之后至月末，不再计算基本费）。 （3）功率因数调整电费不参与测算，在电费发行时计算到用户电费中。 （4）当客户交费时，应根据最新一次抄表计算结果与最新余额发起余额实时测算。 注：实行智能交费之后，在进行电量电费计算时，会按照正常的阶梯或分时电价计算电量电费	流程分为两种： ①人民银行结算中心统一结算：客户与银行签订代扣协议后，每月结算出电费后由人民银行结算中心统一到供电公司数据库读取数据，再由人民银行结算中心将数据分发给各签约银行，各签约银行收到数据后进行扣款并将扣款是否成功的信息反馈给人民银行，人民银行对扣款成功的客户到供电方数据库进行销账，对扣款不成功的客户则不进行销账； ②签约银行结算：首先由客户与银行签订代扣协议，每月结算出电费后由银行至供电公司数据库读取数据。每家银行读取的次数和周期会有不同。有的银行每天巡读一遍，有的银行每月只在规定的时间才巡读	用范围：居民客户、低压非居民客户，具体以银行可办理为准	
		结束语：“感谢您的来电，再见。”			

2.7.3 诉求响应流程

2.7.3.1 线下渠道

受理客户诉求后，台区经理、营业员、供电所根据客户选择的交费方式，采取对应的标准话术，指导客户完成电费交纳，告知客户缴费明细，服务结束。

2.7.3.2 线上渠道

受理交费服务诉求后，供电服务指挥中心按照属地进行派发至相关部门，责任班组处理解决后填写工单，下派部门按照回单内容回访客户，服务结束。

2.7.4 诉求处理要求

（1）台区经理对客户交费期限、电力营业网点、电费收款账户等信息发生变更时，应至少在变更前3个工作日告知客户。

（2）由供电企业引起电费差错，台区经理应在7个工作日内将差错电费退还客户，涉及现金款项退费的应于10个工作日内完成。

（3）智能交费客户可用余额低于预警阈值时，供电企业应主动向客户发送预警短信或通过电子渠道提醒客户及时交费，台区经理应及时告知客户电费情况。

2.8 票据或账单服务

2.8.1 业务内容

供电企业通过发放、邮寄、邮箱订阅、线上渠道下载等方式向客户提供电费、营业费用的票据或账单的服务。

2.8.2 标准应答话术（见表2–8）

表2–8 票据或账单服务标准应答话术

诉求分类	话术
票据或账单服务	开头语："您好，我是××供电公司工作人员，请问有什么可以帮您？"

续表

诉求分类	话术		
票据或账单服务	**客户咨询更名过户对电费票据的影响。** 话术：您好，发票的名称跟系统中的用户名是一致的。办理更名过户后，待流程归档后，打印的发票名称也随之改变。建议客户在更名过户流程归档后打印发票	**客户询问电费收据换取增值税纸质普通发票的处理方式。** 话术：您好，待电费发行后可通过“网上国网”App、电e宝下载电子发票或到所属营业厅换取增值税纸质普通发票	**客户询问网上国网电子发票开具操作方法。** 话术：您好，您可以登录“网上国网”App，“首页”选择“住宅”，点击“更多”—“查询”—“电子发票”。如已绑定户号：找到对应需要开具发票的户号，点击“开具发票”—“确认开票”；如未绑定户号，点击“去绑定”，添加户号信息进行绑定，然后再进行开票
	结束语：“感谢您的来电，再见。”		

2.8.3 诉求响应流程

2.8.3.1 线下渠道（台区经理、营业厅、供电所）

受理客户申请后，台区经理、营业员核对客户身份后，开具票据或账单，根据客户需求发放或寄送至客户，流程结束。

2.8.3.2 线上渠道

受理票据或账单服务诉求后，供电服务指挥中心按照属地进行派发至相关部门，责任班组处理后填写工单，下派部门按照回单内容回访客户，客户对此无异议（排除不合理诉求客户），则服务结束。

2.8.4 诉求处理要求

（1）普通电子发票，客户电费结清后，台区经理可通过营销系统开具发票并拍照发给客户。

（2）增值税专用发票，台区经理与客户约定后应提前打印，以备客户索取或主动邮寄送达客户。

2.9 客户欠费停电告知服务

2.9.1 业务内容

供电企业通过电话、邮寄、送单、短信、电子渠道等方式，告知客户欠费停电信息，提醒客户及时缴纳电费的服务。

2.9.2 标准应答话术（见表 2–9）

表 2–9 客户欠费停电告知服务标准应答话术

<table>
<tr><th>诉求分类</th><th colspan="2">话术</th></tr>
<tr><td rowspan="3">客户欠费停电告知服务</td><td colspan="2">开头语：“您好，我是 ×× 供电公司工作人员，请问有什么可以帮您？”</td></tr>
<tr><td>客户咨询未收到催费或欠费停电通知被停电。
话术：您好，为响应“节约型社会”建设要求，现已逐步调整为免费短信的方式告知客户欠费信息，并且河南居民客户大部分为智能交费客户，都是通过发送停电通知告知客户，故不再张贴电费通知单</td><td>客户询问订阅欠费停电通知的途径。
话术：您好，您可以通过“网上国网”App、95598 人工服务、营业厅、95598 互动网站、发送短信订阅电费信息</td></tr>
<tr><td colspan="2">结束语：“感谢您的来电，再见。”</td></tr>
</table>

2.9.3 诉求响应流程

2.9.3.1 线下渠道

营业员受理客户申请后，根据问询的客户户号、地址等信息判断客户所属台区经理，将客户诉求传递至台区经理。台区经理与客户联系，核实客户身份后，按照客户要求提供欠费停电短信提醒、电话通知、邮寄、现场送达欠费停电通知单等欠费停电告知服务，提醒客户交费，服务结束。

2.9.3.2 线上渠道

受理交费服务诉求后，供电服务指挥中心按照属地进行派发至相关部门，责任班组处理解决后填写工单，下派部门按照回单内容回访客户，服务结束。

2.9.4 诉求处理要求

（1）智能交费、费控客户测算电费余额不足，依合同（协议）采用停电措施的，经预警后实施远程停电，客户及时续交电费后台区经理负责 24h（小时）内对客户恢复供电。

（2）后付费客户欠电费需依法采用停电措施的，台区经理应提前 7 天送达停电通知书，并在客户费用结清后 24h（小时）内负责恢复供电。

2.10 客户校表服务

2.10.1 业务内容

供电企业受理客户校表的需求，为客户提供电能计量装置检验的服务。

2.10.2 标准应答话术（见表 2–10）

表 2–10　　客户校表服务标准应答话术

诉求分类	话术		
客户校表服务	开头语："您好，我是 ×× 供电公司工作人员，请问有什么可以帮您？"		
	客户咨询验表收费标准。 话术：您好，国网河南省电力公司此环节不收费，详见各省收费标准	**客户询问验表业务办理渠道。** 话术：您好，您可通过"网上国网"App、所属供电营业厅、微信公众号、95598 服务热线线上线下渠道办理	**客户询问办理验表业务承诺时限。** 话术：您好，根据国家电网公司供电服务"十项承诺"第 7 条规定：受理客户计费电能表校验申请后，5 个工作日内出具检测结果
	结束语："感谢您的来电，再见。"		

2.10.3 诉求响应流程

2.10.3.1 线下渠道（台区经理、营业厅、供电所）

受理客户校表申请后，台区经理、营业员将相关信息录入营销系统后将客户诉求传递至用电检查员。用电检查员与客户预定上门时间更换电能计量装置，将待校验的电能计量装置送至计量中心检验，计量中心出具检测结果后反馈至用电检查员处，用电检查员答复客户检测结果，服务结束。

2.10.3.2 线上渠道

受理客户校表诉求后，供电服务指挥中心按照属地进行派发至相关部门，责任班组完成校验答复客户校验结果后填写工单，下派部门按照回单内容回访客户，服务结束。

2.10.4 诉求处理要求

台区经理受理客户计费电能表校验申请后，应在5个工作日内出具检测结果。

2.11 信息公告服务

2.11.1 业务内容

供电企业向客户提供用电政策法规、供电服务承诺、电价、收费标准、用电业务流程、计划停电、新服务项目介绍等信息的服务。

2.11.2 标准应答话术（见表2-11）

表2-11　信息公告服务标准应答话术

诉求分类	诉求分类	话术
信息公告服务	用电政策法规	开头语："您好，我是××供电公司工作人员，请问有什么可以帮您？"
		客户询问用电政策法规、供电服务承诺、电价、收费标准、用电业务流程、计划停电、新服务项目介绍查询渠道？ 话术：您好，您可通过"网上国网"App，所属供电营业厅，

续表

<table>
<tr><th>诉求分类</th><th>诉求分类</th><th>话术</th></tr>
<tr><td rowspan="5">信息公告服务</td><td>供电服务承诺</td><td rowspan="4">微信公众号，95598 服务热线等渠道进行查询</td></tr>
<tr><td>电价、收费标准</td></tr>
<tr><td>用电业务流程</td></tr>
<tr><td>计划停电</td></tr>
<tr><td>新服务项目介绍</td><td>结束语：“感谢您的来电，再见。”</td></tr>
</table>

2.11.3 诉求响应流程

2.11.3.1 线下渠道（台区经理、营业厅、供电所）

台区经理、营业员遇客户咨询用电政策法规、供电服务承诺、电价、收费标准、用电业务流程、计划停电、新服务项目介绍等信息后，根据用户需求，向客户出示相关文件，告知客户相关信息，服务结束。

2.11.3.2 线上渠道

受理客户信息公告服务诉求后，供电服务指挥中心按照属地原则进行派发至相关部门，台区经理联系客户告知后填写工单，下派部门按照回单内容回访客户，客户对此无异议，则服务结束。

2.11.4 诉求处理要求

（1）因供电设施计划检修需要停电的，应负责提前 7 天通过公共媒体公告停电区域、停电线路、停电时间。台区经理做好停电范围内客户告知解释工作。

（2）在接到政府部门正式发布的电价、收费标准等政策法规后，应于 7 天内在营业厅、电子渠道公示，台区经理负责管辖范围内的告知、解释、解读工作。

2.12 重要客户有序用电告知服务

2.12.1 业务内容

供电企业向重要客户提供计划、临时、事故停限电信息以及供电可靠性预警的服务。

2.12.2 标准应答话术（见表 2-12）

表 2-12　　重要客户停限电告知服务标准应答话术

诉求分类	诉求分类	话术	
重要客户有序用电告知服务	计划 / 临时停电告知	开头语："您好，我是 ×× 供电公司工作人员，请问有什么可以帮您？"	
		计划 / 临时停电告知。 话术：您所在的区域，因缺陷处理 / 配电网改造 / 配合市政施工 /……，需要进行停电检修，您看时间安排在 ×× 月 ×× 日是否合适。 与客户协商一致后：那请您提前做好生活生产安排，停电给您带来不便敬请谅解	
		结束语："感谢您的来电，再见。"	
	故障停电告知	开头语："您好，我是 ×× 供电公司工作人员，请问有什么可以帮您？"	
		故障停电告知 话术：您所在的区域，因设备故障造成停电，工作人员正在积极抢修，预计于 ×× 时 ×× 分恢复供电，给您带来不便，我们真诚向您道歉	
		结束语："感谢您的来电，再见。"	

续表

<table>
<tr><th>诉求分类</th><th>诉求分类</th><th colspan="2">话术</th></tr>
<tr><td rowspan="3">重要客户有序用电告知服务</td><td rowspan="3">有序用电 / 超电网供电能力停电告知</td><td colspan="2">开头语："您好，我是 ×× 供电公司工作人员，请问有什么可以帮您？"</td></tr>
<tr><td>重要用户反映收到供电公司发送的停电短信，或者听说最近是在限电，质疑为什么会被停电，咨询停电原因。
话术：当前电煤供应不足，电力供需形势虽然紧张，但我们全力保障重要用户用电，针对您反映的停电问题，我们将进一步调查，尽快给您答复，给您带来不便，请您谅解</td><td>重要用户咨询为什么停限电没有提前通知。
话术：系统有故障停电信息及恢复供电时间的：近期虽然有电煤紧张导致的电力电量缺口问题，我们全力保障重要用户用电，经查询，您这边是突发故障，无法提前告知，给您带来不便，请您谅解。
无相关停电信息的：近期虽然有电煤紧张导致的电力电量缺口问题，我们全力保障重要用户用电，可能是突发故障引起的停电，无法提前告知您，给您带来不便，请您谅解</td></tr>
<tr><td colspan="2">结束语："感谢您的来电，再见。"</td></tr>
</table>

2.12.3　诉求响应流程

2.12.3.1　线下渠道

涉及计划、检修停电，台区经理提前通过电话、短信、张贴停电通知单等方式通知到重要客户，营业员按照解释话术应对客户问询，流程结束。涉及故障停电，台区经理、第一时间告知客户停电原因，实时向客户更新抢修进度，流程结束。

2.12.3.2　线上渠道

涉及计划、检修停电，网上国网 App 将停电信息推送至客户；涉及故障停电，本地预约电话内设置故障信息播报，实时更新；客服人员按照标准话术应对客户问询。

2.12.4 诉求处理要求

（1）供电设施计划检修停电时，台区经理应提前 7 天通知重要客户；临时检修需要停电时，台区经理应提前 24h（小时）通知重要客户。

（2）对专线进行计划停电，台区经理应与客户进行协商，并按协商结果执行。

2.13 高压客户电能表换装告知服务

2.13.1 业务内容

供电企业向高压客户提供的表计换装相关信息告知服务。

2.13.2 标准应答话术

高压客户电能表换装告知服务标准应答话术见表 2–13。

表 2–13　　高压客户电能表换装告知服务标准应答话术

<table>
<tr><th>诉求分类</th><th colspan="3">话术</th></tr>
<tr><td rowspan="3">高压客户电能表换装告知服务</td><td colspan="3">开头语：“您好，我是 ×× 供电公司工作人员，请问有什么可以帮您？”</td></tr>
<tr><td>不停电高压客户电能表换装。
话术：您的计量装置因为故障 / 周期检验 / 功能升级 / ……需要进行换装，换装期间不会造成停电，您看时间安排在 ×× 月 ×× 日是否合适。
与客户协商一致后：那请您提前做好生活生产安排，我们将在约定时间到达现场为您服务</td><td>停电高压客户电能表换装。
话术：您的计量装置因为故障 / 周期检验 / 功能升级 / ……需要进行换装，届时工作现场会进行短时停电，您看时间安排在 ×× 月 ×× 日是否合适。
与客户协商一致后：那请您提前做好生活生产安排，我们将在约定时间到达现场为您服务</td><td></td></tr>
<tr><td colspan="3">结束语：“感谢您的来电，再见。”</td></tr>
</table>

2.13.3 诉求响应流程

2.13.3.1 线下渠道

台区经理根据电能表换装计划，与客户预约时间现场换装电能表，与客户确定电能表指示数后，服务结束。营业厅人员做好换表解释咨询工作。

2.13.3.2 线上渠道

网上国网设置换表信息查询窗口，为客户提供查询服务。

2.13.4 诉求处理要求

（1）高压客户计量装置换装，台区经理应提前预约，并在约定时间内到达现场。

（2）换装后台区经理应请客户核对表计底数并签字确认。

2.14 低压客户电能表换装告知服务

2.14.1 业务内容

供电企业向低压客户提供的表计换装相关信息告知服务。

2.14.2 标准应答话术

低压客户电能表换装告知服务标准应答话术见表 2–14。

表 2–14 低压客户电能表换装告知服务标准应答话术

诉求分类	话术
低压客户电能表换装告知服务	开头语：“您好，我是 ×× 供电公司工作人员，请问有什么可以帮您？”
	客户询问低压客户电能表换装是否提前告知。 话术：您好，低压客户电能表换装前，会在小区和单元张贴告知书，或在物业公司（村委会）备案；换装电能表前会对原电能表进行底度拍照，换表过程中会造成客户的短时停电，对客户已用电量不会产生影响
	结束语：“感谢您的来电，再见。”

2.14.3 诉求响应流程

2.14.3.1 线下渠道

台区经理根据电能表换装计划，与客户预约时间现场换装电能表，与客户确定电能表指示数，营业厅人员按照标准话术应对客户问询，服务结束。

2.14.3.2 线上渠道

网上国网设置换表信息查询窗口，为客户提供查询服务。

2.14.4 诉求处理要求

（1）低压客户电能表批量换装前，台区经理应至少提前3天在小区和单元张贴告知书，或在物业公司（居委会、村委会）备案。

（2）零散换装、故障换表台区经理可提前通知客户后换表。

（3）换装电能表前台区经理应督促计量人员对装在现场的原电能表进行底度拍照留存，换表后应督促计量人员请客户核对表计底度并签字确认。

2.15 重大活动保供电服务

2.15.1 业务内容

供电企业针对客户需求，对涉及政治、经济、文化等有重大影响的活动提供保电服务。

2.15.2 标准应答话术

重大活动保障供电服务标准应答话术见表2-15。

表2-15 重大活动保障供电服务标准应答话术

诉求分类	话术		
重大活动保障供电服务	开头语：“您好，我是××供电公司工作人员，请问有什么可以帮您？”		
	客户咨询申请保电的条件。 话术：您好，申请保电的条件如下： ①单位有重要政治、经济、文化、体育等活动，如省市政府部门重要	**客户咨询申请保电的费用。** 话术：您好，河南公司目前不收取费用	

续表

诉求分类	话术		
重大活动保障供电服务	会议和活动，部队及其机构重要军事活动和中高考及阅卷、录取，重要体育赛事等，商业和生产活动不在政治保电范围内；②必须是供电公司直接供电的客户		
	结束语：“感谢您的来电，再见。”		

2.15.3 诉求响应流程

2.15.3.1 线下渠道

受理客户诉求后，台区经理、营业员通知到责任班组。涉及专用变压器用户通知高压班，涉及公用变压器通知配电运维班。责任班组联合客户制订保供电方案，对现场开展专向用电检查，指导客户进行整改，安排保供电人员和设施，保电结束，服务结束。

2.15.3.2 线上渠道

受理重大活动保供电服务诉求后，供电服务指挥中心按照属地原则派发至相关部门，责任班组解决后填写工单，下派部门根据回单内容回访客户核实处理情况，服务结束。

2.15.4 诉求处理要求

（1）重大活动保供电开始前，网格化机构按照“服务、通知、报告、督导”四到位的工作要求，完成保电场所的用电安全专项检查，对发现的隐患缺陷，台区经理向保电客户发送书面整改通知，报相关政府主管部门。

（2）重大活动保供电开始前，台区经理应督促和指导保电场所落实自备应急电源配置，确保满足重要电力负荷的需要。

（3）重大活动保供电期间，供电企业安排专责人员，指导保电活动方电气设备运维人员做好巡视排查和运行值班工作，台区经理做好配合。

2.16 信息订阅服务

2.16.1 业务内容

供电企业以短信、微信、网上国网(移动客户端)等方式，向客户提供电费、停电等信息订阅的服务。

2.16.2 标准应答话术

信息订阅服务标准应答话术，见表 2-16。

表 2-16 信息订阅服务标准应答话术

<table>
<tr><th>诉求二级分类</th><th>诉求三级分类</th><th colspan="3">话术</th></tr>
<tr><td rowspan="6">信息订阅服务</td><td rowspan="3">订阅</td><td colspan="3">开头语：“您好，我是 ×× 供电公司工作人员，请问有什么可以帮您？”</td></tr>
<tr><td>客户咨询订阅信息的方式。
话术：您可以通过“网上国网”App、95598 人工服务、供电公司营业窗口、95598 智能互动网站、发送短信等方式，订阅电费信息</td><td>客户要求订阅信息。
话术：请提供您的用户编号和订阅信息的手机号码，我帮您核实订阅</td><td>发送短信订阅。
话术：您可以通过手机编辑短信内容 DYQF# 户号发送至 95598，进行欠费信息的订阅</td></tr>
<tr><td colspan="3">结束语：“感谢您的来电，再见。”</td></tr>
<tr><td rowspan="3">退订</td><td colspan="3">开头语：“您好，我是 ×× 供电公司工作人员，请问有什么可以帮您？”</td></tr>
<tr><td>客户咨询退订信息的方式。
话术：您可以通过“网上国网”App、95598 人工服务、供电公司营业窗口、95598 智能互动网站、发送短信等方式，退订电费信息</td><td>客户要求退订信息。
话术：请提供您的用户编号和接收信息的手机号码，我帮您核实退订</td><td>发送短信取消。
话术：您可以通过手机编辑短信内容 QXQF# 户号发送至 95598，进行欠费信息的取消</td></tr>
<tr><td colspan="3">结束语：“感谢您的来电，再见。”</td></tr>
</table>

2.16.3 诉求响应流程

2.16.3.1 线下渠道

受理客户诉求后，台区经理、营业员核实客户身份后，按照标准话术告知客户订阅（退订）事项，指导客户在微信、网上国网（移动客户端）上进行电费、停电等信息订阅（退订），服务结束。

2.16.3.2 线上渠道

受理信息订阅（退订）诉求后，供电服务指挥中心按照属地原则派发至相关部门，台区经理联系客户处理后回复工单，下派部门根据回单内容回访客户核实处理情况，服务结束。

2.16.4 诉求处理要求

供电企业应至少在交费截止日前 5 天向客户提供订阅的电费信息。台区经理做好辖区范围内的告知解释工作。

2.17 能效公共服务

2.17.1 业务内容

供电企业向客户提供电能基础分析、能效诊断等公共服务。

2.17.2 标准应答话术

能效公共服务标准应答话术见表 2–17。

表 2–17　　能效公共服务标准应答话术

诉求二级分类	诉求三级分类	话术		
能效公共服务	能效公共服务	开头语：“您好，我是 ×× 供电公司工作人员，请问有什么可以帮您？”		
		客户咨询网上国网能效云认证用户是什么。 话术：能效云平台	**客户咨询如何获取自己的用能诊断或节能改造需要的具体费用。**	**客户咨询如何查询自己的“能效账单”。** 话术：国家电网有限公司推出了能效

续表

诉求二级分类	诉求三级分类	话术		
能效公共服务	能效公共服务	是国家电网有限公司为企业客户推出的增值服务。围绕客户用能场景需求，基于数据采集监测，结合平台专业资源，为客户提供能效分析、评估诊断、用能报告、节能改造及项目管控等能效服务。您可以通过App中“预约用能诊断”功能，留下您的单位信息、个人信息和联系方式，我们的专业人员会及时与您联系，针对您企业的特性给出更加专业的建议	话术：需根据您的业务类型、所在地区和节能需求具体确定。建议您先在“网上国网”App中点击“预约用能诊断”或“预约节能改造”按钮，留下您的单位信息、个人信息和联系方式，我们的专业人员会及时与您沟通联系	账单服务，为企业用户提供普惠性能效公共服务，您可以下载网上国网App，在企事业频道—能效账单产品页面查看您的能效评价，帮助您降低用电成本，提升能效服务水平，欢迎下载体验
		结束语：“感谢您的来电，再见。”		

2.17.3 诉求响应流程

2.17.3.1 线下渠道

台区经理、营业员受理客户诉求后，对简单易分析的用电客户，结合客户电能能效账单、能效诊断报告进行解释分析办结。对于用电情况较复杂的用户，将客户诉求传递至客户所属用电检查员。用电检查员结合日常业务为客户专业解读电能能效账单、能效诊断报告，指导客户合理选择基本电费计收方案、优化峰谷用电方式、调整用电功率因数等，引导客户自主开展能效提升服务，服务结束。

2.17.3.2 线上渠道

受理能效公共服务诉求后，供电服务指挥中心按照属地原则派发至相关部门，责任班组联系客户处理后填写工单，下派部门根据回单内容回访客户核实处理情况，服务结束。

2.17.4 诉求处理要求

供电企业应每月通过电子渠道向客户推送一次电能能效账单，台区经理负责解读。

3 主动服务策略

3.1 主动服务机制

3.1.1 责任落实

各单位要高度重视网格内主动服务工作，建立全员、全面、全方位、全过程的主动服务管控新格局，牢固树立“服务无小事”思想，以党政主要负责人作为第一责任人，加强组织领导，强化责任担当。成立主动服务专项工作组，对主动服务工作进行全过程管控、协调和指导，精准施策，狠抓实效。

客户经理是所辖台区主动服务的第一责任人，实行首问负责制，负责所辖台区主动服务工作的策划和具体实施，负责落实国家电网有限公司、省电力公司各项服务举措，真正架起与客户的“连心桥”。

3.1.2 服务举措制订

服务举措的制订应认真践行“人民电业为人民”的企业宗旨，牢固树立以客户为中心的现代服务理念，服务党和国家工作大局，围绕各区域落实新发展理念、构建新发展格局、推动高质量发展的战略目标，统筹考虑，全面论证，坚持明确性、可行性、及时性、时效性、实效性的原则，精准聚焦客户服务需求，抓住关键环节、重点人群和重点行业，持续提升客户满意度与获得感。

固化主动服务八项举措，对照95598百万户均工单量考核、固化台区经理网格服务电话、做实台区经理入户走访、做好流动返乡人员主动服务、主动服务分级督查机制、开展“两个十条”大学习和大考试、实行投诉工单件件提醒等八项举措落实情况，开展工作成效评估；鼓励基层创新主动服务措施，加强典型经验总结交流，实行主动服务举措定期滚动更新。

3.1.3 服务质量评估

采取“一事一评”的方式，服务行为结束，对服务质量进行评估。推行主动服务分级督查机制，加强主动服务成效监督检查。充分发挥供电服务稽查监督体系作用，明确各级稽查班组、专兼职稽查员主动服务监督职责及要求，常态化开展自查自纠。

制订主动服务违章清单和督查计划，实行各级领导干部基层检查“四必看”（行为记录仪录音录像必看；客户家里走访资料必看；小区、物业两个本地电话公示信息必看；客户群发送的服务信息必看），省营销服务中心、市县供电公司定期开展主动服务和网格化走访成效督查，并纳入通报考核。

开展主动服务和网格化走访工作情况抽查，对于主动服务措施落实不到位、本地电话宣传不到位、大走访音视频及行为记录仪应用记录缺失等，视为违章行为进行通报考核。

3.1.4 服务闭环机制

坚持目标导向、结果导向，实施服务全过程闭环管控，建立以客户感知验证为导向的服务品质提升体系，加强服务质量评估。

建立健全客户诉求敏感问题台账，由供电服务指挥中心牵头督办，各级供电部、供电所销号处理；建立健全网格客户经理服务电话诉求台账，营销部牵头督办，供电所网格客户经理销号处理。建立健全网格服务台账，完善主动服务走访客户信息，做好客户档案的完善和更新。

定期召开主动服务专题分析会，对客户热点问题、服务热点问题聚类分析，举一反三，以点带面，协同解决各类热点问题。打通一线快速响应流程，由各级营销部牵头，实行服务疑难问题上报制度，开展客户感知热点问题治理。对服务过程和成效进行整体通报和评价，奖优罚劣，形成良性服务生态环境，推动服务品质持续提升。

加强服务资料规范化管理，由各级营销部牵头对资料进行收集、存档，方便资料的调取和查阅。

3.1.5 畅通服务渠道

3.1.5.1 固化客户经理网格服务电话

按照网省电力公司统一安排部署，固化客户经理网格服务电话号码，让客户记得住、打得通、用得上，确保网格换人不换号、换人不停服务。各单位要合理划分网格，既要考虑当前台区客户经理人数，又要考虑后期人员调整影响，同时加强对台区客户经理使用该电话的日常管理和考核，确保真正发挥作用。利用好网格服务电话云端自动录音功能应用，保障通话录音率，便于后期录音查询与统计。

3.1.5.2 建立三级微信工作群

利用微信平台用户普及、时效性强等优势，建立公司营销部与供电所之间、供电所与网格经理之间、网格经理与台区之间三级微信群。

（1）公司营销部与供电所之间的信息共享群（一级群）负责发布管理制度、工作要求和考核通报等。供电所长可以通过该群，及时向公司汇报工作情况和需要协调事项等。

（2）供电所与网格经理之间的信息管理群（二级群）。负责发布工作任务、所务公示、工作提醒、绩效考核结果等，促进供电所内部日常和临时工作有效落实。网格经理可在群内发布客户反馈问题、设备缺陷、工作开展情况等，并请求协同指挥。

（3）台区经理与客户之间的实时服务群（三级群）。针对不同客户群体、用电需求，可分类建立普通客户群、专变客户群等。网格经理与客户之间信息交流实时互动。网格经理对客户需求第一时间做出反应，并将问题及时反馈至上级协调解决，实现“上情下达、下情上传”。

多渠道推广应用微信群，开展扫码加群工作。网格经理深入乡村走街串巷，宣传微信群的功能与作用，推荐客户加入微信群，并鼓励客户邀请亲朋好友、街坊邻居加入微信群，对留守老人，网格经理则将其在外务工的亲属添加到微信群。在营业厅张贴台区经理微信二维码宣传页，或放置含有台区经理微信二维码的名片等，吸纳更多客户加入微信群。

规范微信群管理，规范微信群名，明确应加入人员发布内容及群管理员，群成员一律实名制。

严肃微信群纪律，遵守国家相关法律法规和省电力公司要求，禁止发布涉密信息，群管理人带头遵守群规。

3.1.5.3 建立政企网格沟通机制

（1）规范建立供电服务网格与政府网格联络沟通机制。明确政企沟通联络人及联系方式，编制《网格联络清册》，定期与各级政府、街道办事处、社区居委会、应急管理局、防汛指挥部等进行对接，实现“平时”小区信息核对、“战时”停电信息统计联动。联络信息发生变化时，1 个工作日内完成《网络联络清册》内容更新调整、政府侧告知等工作。

（2）强化政企服务互动。通过联络机制，主动问询社区内客户涉电诉求，同时将辖区内重要场所、重要客户、重要事项向政府报备，由其敦促客户执行实施。与本地政府确定“战时”信息报送频次，实现停电信息报送与政府要求相匹配。

3.1.5.4 深化“网上国网”主动服务功能应用

（1）积极推动“办电 E 助手”宣传应用，从办电工单和即时沟通方面，实现网格服务与用户的主动交互全覆盖。面向高压新装用户，主动推送办电关键环节信息，提供办电信息查询功能；客户经理在工单受理后，助手自动发起互动聊天，结合客户需求，客户经理可邀请设计方、施工方人员加入群聊。面向全量用户，提供余额、欠费弹窗提醒服务。

（2）增加网格话服务热线查询功能。用户可根据区域查询网格服务电话，及时联系客户经理，解决用户有困难不知道找谁的问题。

3.2 主动服务内容

3.2.1 全覆盖走访

3.2.1.1 走访内容和对象

走访对象包括全量的用电客户和发电客户，要求做到标本兼治、提高主动服务水平，以“降话务、降工单、零投诉”来作为主动服务提升的衡量标准。

3.2.1.2 标准话术

“××，您好！我是××供电公司的网格经理××，这是我的工作证，今天来拜访，想征求一下您对供电服务的意见和建议。首先，为了更好地提供服务，想跟您核对一下您（或者您的家人）在供电公司登记的个人信息是否正确。您的户名是不是×××？您的户号是不是×××？您的手机号码是不是×××××××××××?

（1）您（或者您的家人）是否知道家里停电了跟谁联系?

（2）您（或者您的家人）是否知道负责你们片区（村庄、大队）客户经理（电工）电话?是否加入台区经理（电工）建的供电服务微信群（引导客户添加供电服务微信群）?

（3）您（或者您的家人）对客户经理（电工）平常的服务是否满意（如果客户回答‘满意’，答复客户‘好的，谢谢您对我们工作的肯定’；如果客户回答‘不满意’，做好不满意内容记录，答复客户‘好的，您的建议我记录下了，不足之处我们会尽快整改’）?

（4）您（或者您的家人）是否知道本地供电所的24h（小时）服务电话（如果客户回答‘不知道’，答复客户‘好的，为了以后服务方便，请您记下我们供电所的24h（小时）服务电话是×××’）?

（5）您（或者您的家人）是否下载（用过）网上国网App？没有下载的话建议您下载用用看，网上国网App是国家电网有限公司推出的一款专业电力服务App，在上面您可以查电量、交电费，足不出户办理各项业务，非常方便。

好的，再次感谢您的接待。这是我们的联系方式（递送台区经理连心卡），以后您在用电方面有什么需要，您可随时与我们联系。”

3.2.1.3 政策推广

走访时要履行好客户经理出门入户“十件事”，使用主动服务清单，采取分片包干、逐级督导方式，要做好“敲开门、见到人、送上卡、交交心”四件事，严格落实“首问负责、一口对外”，全面推广“网上国网”App，广泛征集客户群众关切的办电意见建议，确保及时响应并解决客户日常用电问题，彰显公司供电服务履责能力。

3.2.2 精准走访

3.2.2.1 走访内容和对象

走访对象包括拨打过 98895、12398 等服务热线的客户，系统设备运行监测供电质量存在问题，存在投诉风险的客户。

建立客户反映问题台账，领导挂牌督办，限时办结，并按走访时间要求，逐户上门说明，征得客户满意。积极为此类客户提供反映问题的渠道和责任人，高频率、多层级对以上客户开展精准走访。

3.2.2.2 标准话术

您好！我是国网 ×× 供电公司网格经理 ××，这是我的工作证。今天来拜访，主要是想看看您有什么需要我们解决的问题。

前段时间，您提出的 ×× 问题，我们采取了 ×× 办法予以解决。您对结果满意吗？最近还出现过类似问题吗？

您提出的意见建议，我们已经记录下来了。感谢您对我们工作的支持。您在用电方面有不明白的地方，可以直接联系我，这是我的名片。也可以在我们的 ×× 客户服务微信群中提问，这是群二维码。您可设置消息免打扰模式。

您如有新装增容、更名过户等业务办理需求时，可以下载“网上国网”App，一趟都不跑，进行线上办理，方便快捷。还可通过“能效账单”查看详细电量电费信息。

计划停电时，我们会提前在 ××、×× 等渠道发布停电公告，您可关注或下载，及时了解停电信息。故障停电时，我们会及时通过 ××、××，向您推送相关信息。

3.2.2.3　政策推广

走访时要使用主动服务清单，主动介绍国家、国网、省内以及公司惠民利民政策措施及成效和主动服务举措，第一时间掌握、解决、汇报现场突出问题，做好客户经理出门入户“十件事”。

3.2.3　重点户走访

3.2.3.1　走访内容和对象

重点对八类客户进行走访：

（1）党委、政府（市县乡）。

（2）人大代表、政协委员（省市县）。

（3）入村（村两委、驻村干部、驻村工作队、扶贫车间）。

（4）光伏扶贫户（站）。

（5）低保五保及重点监测户。

（6）“万人助万企”企业。

（7）“煤改电”户。

（8）投诉举报户。

3.2.3.2　标准话术

“您好！我是国网 ×× 供电公司网格经理 ××，这是我们 ×× 主任（分管领导）。今天来拜访，主要是想看看您有什么需要我们解决的问题，听听对我们的意见建议。

我们供电公司在乡村振兴方面，有 ×× 系列举措，积极助力乡村经济发展。

咱们公司连续性负荷占比较多，利用好峰谷分时合理安排生产时间，每年可以节省不少电费。

前段时间，您提出的 ×× 问题，我们采取了 ×× 办法予以解决。您对结果满意吗？最近还出现过类似问题吗？

您提出的意见建议，我们已经记录下来了。感谢您对我们工作的支持。您在用电方面有不明白的地方，可以直接联系我，这是我的名片。也可以在我们的 ×× 客户服务微信群中提问，这是群二维码。您可设置消息免打扰模式。”

3.2.3.3　政策推广

走访时要使用主动服务清单，主动介绍国家、国网、省内以及公司惠民利民政策措施及成效和主动服务举措，第一时间掌握、解决、汇报现场突出问题，做好客户经理出门入户“十件事”。

3.2.4　主动告知

主动告知的对象包括全量的用电客户和发电客户。针对不同的主动服务对象，制订不同的告知策略。

全量客户，主动告知主动服务信息、网格服务渠道、服务范围、电力改革政策、客户资产使用维护界面、安全用电知识等内容，让客户了解公司服务标准和承诺，建立良性沟通服务机制，确保客户诉求能网格化解决。

敏感客户，主动告知公司服务政策、服务承诺、网格服务渠道、客户资产使用维护界面等内容，实现客户诉求受理及时、处理规范、不升级。

重点客户，介绍电网改造计划及建设成效、优化营商环境服务举措、电价改革、光伏并网、煤改电补贴、非集中供暖阶梯电价、低保五保电费返还等惠民政策，提升客户对公司供电服务工作认可度。

4 服务风险防范

4.1 服务意识

4.1.1 服务意识薄弱

4.1.1.1 风险描述

（1）工作人员对客户服务需求响应不主动、不及时。

（2）漠视客户合理用电诉求，侵害群众利益。

4.1.1.2 风险影响

影响客户情绪，造成客户不良感知，产生漠视侵害群众利益问题或发生服务投诉事件。

4.1.1.3 政策依据

（1）《国家电网有限公司供电服务标准》和《国家电网有限公司员工服务“十个不准”（修订版）》。

（2）《国网营销部关于细化漠视侵害群众利益问题分类标准的通知》。

4.1.1.4 防范措施

（1）积极培育服务理念，树立全员服务、主动服务意识，对客户诉求不推诿、不拒绝，真心实意为客户着想。

（2）持续开展员工警示教育，及时解决群众最关心、最直接、最现实的利益问题。

（3）市、县供电公司开展“新两个十条”专题大培训、大考试，转变基层人员服务观念和提升基层工作人员业务素质。

4.1.1.5 典型案例

案例描述：客户到某营业厅询问电费电量异常问题，希望工作人员可以去现场查看，营业厅工作人员为其联系了某供电服务站的抄表师傅，师傅去现场勘查后，表示客户家中表后线路接错，客户希望核实是否为电能表轮换后造成的，抄表师傅表示轮换是在 3 年前，需要回单位查看数据后才能告知客户，结果 4 天后客户都没有得到工作人员的任何回应。

案例评析：营业厅受理人员“首问负责制”未落实到位，抄表师傅对客户服务需求响应不及时，导致客户认为工作人员漠视其诉求，因此拨打 95598 进行了投诉。

4.1.2 服务态度恶劣

4.1.2.1 风险描述

（1）工作人员对客户诉求表现不耐烦，对客户冷言冷语，使用不礼貌、不文明用语回复客户。

（2）工作人员威胁客户、与客户发生争吵。

4.1.2.2 风险影响

影响客户情绪，造成客户与服务人员态度行为对立，发生服务舆情事件。

4.1.2.3 政策依据

（1）《国家电网有限公司供电服务标准》。

（2）《国家电网有限公司 95598 客户服务业务管理办法》。

4.1.2.4 防范措施

（1）深入践行“人民电业为人民”的企业宗旨，提升优质服务理念。

（2）加强岗前服务规范、服务技巧的培训学习，引导员工合理应对和缓解工作压力，增强心理素质，对于服务规范不熟悉、服务技巧不熟练、心理素质较差的员工，不得进入一线服务岗位。

（3）严肃落实考核制度，对因服务态度恶劣造成事情升级的情况，严肃考核。

（4）省、市、县通过明察暗访对执行情况进行监督。

4.1.2.5 典型案例

案例描述：客户去某营业厅缴纳电费，因为银行 POS 机损坏无法交费，工作人员让客户留下联系电话，客户表示之前留过号码便准备离开，工作人员在客户转身后说了一句“脑子有病”。

案例评析：营业厅受理人员使用不礼貌、不文明用语，导致客户强烈不满，马上拨打 95598 热线进行了投诉。

4.1.3 服务技能欠缺

4.1.3.1 风险描述

（1）工作人员对业务规定不熟悉，政策文件理解不到位，岗位操作不熟练，无法为客户快速准确地办理各类业务。

（2）服务人员缺乏服务沟通技能，与客户沟通不畅，无法准确理解客户诉求或化解矛盾。

4.1.3.2 风险影响

（1）增加客户业务办理时间或重复办理。

（2）容易引起客户误解，甚至引发矛盾升级。

4.1.3.3 政策依据

（1）《国家电网有限公司供电服务标准》。

（2）《国家电网有限公司供电服务“十项承诺”（修订版）》。

（3）各类业务规范

4.1.3.4 防范措施

（1）建立健全培训体系，完善培训机制，加强员工服务技能培训，提升服务水平。

（2）建立和完善供电服务绩效考核和激励机制，充分发挥员工创造性和积极性。

（3）熟知本岗位的业务知识和相关技能、岗位规范。

（4）建立前台人员相关业务的专家答疑机制，减少客户误解，提高服务满意度。

（5）省、市、县三级稽查监督体系开展常态或专项稽查监督，通过明察暗访对执行情况进行监督。

4.1.3.5 典型案例

案例描述：客户前往某区行政服务中心办理低压居民新装业务，工作人员表示新户通电业务只能在“网上国网”App 上办理，因客户是 80 多岁的老年人，虽然携带了身份证，但是不记得自己的联系方式，工作人员表示该业务只能在 App 上办理，希望客户回家后让其家人在 App 上办理即可，客户认为工作人员拒绝办理业务。

案例评析：行政服务中心受理人员对业务规定不够熟悉，未严格执行“一证通办”，且在和老年人沟通时缺乏沟通技能，导致客户以为业务只能在 App 上办理，受理人员存在拒绝办理业务的嫌疑，因此拨打 95598 供电服务热线进行了投诉。

4.2 服务渠道

4.2.1 服务渠道不畅通

4.2.1.1 风险描述

（1）“网上国网”App、微信公众号、95598 智能互动网站等线上渠道堵塞；95598 供电服务热线、营业厅等渠道客户排队等候时间长或长时间未响应；自助设备故障长期未修复。

（2）客户通过“网上国网”App、微信、支付宝等电子渠道办理业务后，电费未及时到账、线上接单线下联系不及时。

（3）营业场所拒收现金（无人营业厅除外）。

4.2.1.2 风险影响

（1）造成客户业务办理不便，引起客户不良感知，甚至发生服务投诉事件。

（2）造成业务办理超期或电费对账有误，影响电费回收。

（3）造成客户电费交纳不便。

4.2.1.3　政策依据

（1）《国家电网有限公司供电服务“十项承诺”（修订版）》。

（2）《国网营销部关于细化漠视侵害群众利益问题分类标准的通知》。

4.2.1.4　防范措施

（1）开展系统架构优化，提升系统性能与稳定性，降低系统延迟卡顿情况的发生。

（2）加强营业厅、服务热线的运营管理，时刻关注各类渠道运营情况，及时采取分流疏导措施。

（3）开展自助设备全寿命周期管理，实现设备故障自动检测、自主报修等功能。

（4）严禁营业厅拒收现金，加强现场督导检查。

（5）省、市、县三级稽查监督体系开展常态或专项稽查监督，通过明察暗访对执行情况进行监督。

4.2.1.5　典型案例

案例描述：供电公司某客户 2020 年 8 月 28 日 11 点 6 分通过“网上国网”App 办理低压业扩新装，截至 9 月 3 日无工作人员与客户联系，客户 9 月 4 日在“网上国网”App 使用催办功能，截至 9 月 12 日仍无工作人员与客户联系，客户拨打 95598 投诉。

案例评析：“网上国网”App 线上业务不满足 24h（小时）内完成业务受理的要求，因渠道堵塞导致客户使用不便引起客户不良感知。

4.2.2　渠道服务项目与公示不一致

4.2.2.1　风险描述

（1）营业厅、第三方服务网点等营业场所对外公示或知识库报备的网点信息、服务项目、服务时间与实际不符。

（2）“网上国网”App、微信公众号等线上服务渠道对外公示的服务项目、服务时间、活动信息与实际不符。

（3）95598 供电服务热线、95598 智能互动网站对外公布的服务项目、服务时间与实际不符。

4.2.2.2 风险影响

造成客户业务办理不便，引起客户不良感知，发生服务投诉事件。

4.2.2.3 政策依据

（1）《国家电网有限公司供电服务质量标准》。

（2）《国家电网公司供电客户服务提供标准》。

4.2.2.4 防范措施

（1）严格按照《国家电网有限公司供电服务标准》要求按时公示服务信息。

（2）定期检查各渠道公示信息与实际一致性。

（3）省、市、县三级稽查监督体系开展常态或专项稽查监督，通过明察暗访对执行情况进行监督。

4.2.2.5 典型案例

案例描述：某营业厅因装修搬迁至临时营业厅办公并在知识库报备，后因装修延期，营业厅原址无法在报备期内营业，供电公司未及时在知识库修改报备信息，导致报备过期后，有客户至该营业厅原址办理业务时发现营业厅未营业而拨打 95598 供电服务热线反映，引发营业厅服务渠道投诉。

案例评析：营业厅因知识库报备信息与实际不一致引发客户投诉。

4.2.3 阻塞客户投诉渠道

4.2.3.1 风险描述

（1）供电营业场所、计量装置、供电设施、各类表单、抢修车辆及宣传材料等屏蔽 95598 供电服务热线或 12398 能源监管热线。

（2）营业窗口意见箱、意见簿形同虚设。

4.2.3.2　风险影响

未能及时准确掌握客户抱怨信息，让客户失去信心，导致服务事态扩大，引发重复投诉、越级投诉和群体投诉，甚至引发舆论事件，情节严重的客户投诉国家、省、市电监会，会被进行行政处罚。

4.2.3.3　政策依据

（1）《国网营销部关于开展整治屏蔽95598供电服务热线工作的通知》。

（2）《国家电网有限公司员服务“十个不准”（修订版）》。

（3）《国家电网有限公司95598客户服务业务管理办法》。

（4）《国家能源局综合司关于进一步加强12398能源监管热线标识普及和宣传工作的通知》。

4.2.3.4　防范措施

（1）畅通客户投诉举报渠道，加强95598供电服务热线及12398能源监管热线宣传，在计量装置、供电设施、故障抢修车辆、供电营业厅、服务监督台、工作单据、便民设施、宣传材料等显著位置印制或喷涂95598供电服务热线标识，严禁以各种方式屏蔽95598；要在客户服务中心、营业场所门口显著位置固定公示12398热线标识，在电费单据、停止供电通知书等业务单据上印制12398微信公众号、App标识，在营业场所宣传自身品牌和供电服务热线时，同步对12398热线进行简介。

（2）加强营业厅运营管理，按规范要求定期检查意见箱、意见簿并及时反馈客户意见。

（3）省、市、县三级稽查监督体系开展常态或专项稽查监督，通过明察暗访对执行情况进行监督。

4.2.3.5　典型案例

案例描述：某小区计划停电，供电公司在该小区张贴计划停电公告并公布抢修班组联系电话，未公布95598供电服务热线。后因停电时间延长且未及时告知，小区住户拨打抢修电话却长时间无人接听，接听后接线人员无法准确告知客户来电时间且态度较为冷漠，引起住户强烈不满。随即小区住户在当地论坛里发布相关内容进行曝光，同时拨打区长热线进行反映，造成事件影响扩大。

案例评析：供电所因屏蔽 95598 供电服务热线导致客户反映问题未得到有效解决而引发舆情事件。

4.3 服务质量

4.3.1 服务形象受损

4.3.1.1 风险描述

（1）营业场所未按《国家电网公司形象识别手册》统一、规范应用“国家电网”品牌等Ⅵ标识。

（2）服务人员行为举止、仪容仪表违反国网公司供电服务规范。

（3）供电营业场所环境杂乱，营业秩序混乱。

4.3.1.2 风险影响

（1）造成“国家电网”品牌形象模糊、混乱，影响企业形象和品牌形象。

（2）影响客户办电体验，降低客户满意度。

4.3.1.3 政策依据

（1）《国家电网有限公司供电服务标准》。

（2）《国家电网公司形象识别手册》。

4.3.1.4 防范措施

（1）严格按照《国家电网公司形象识别手册》统一、规范应用“国家电网”品牌等Ⅵ标识，不得擅自更改“国家电网”品牌等Ⅵ标识。

（2）定期举办营业厅服务礼仪培训和业务技能培训，加强服务人员业务素质和行为规范，提升服务意识。

（3）规范营业环境管理，定期组织检查。

（4）省、市、县三级稽查监督体系开展常态或专项稽查监督，通过明察暗访对执行情况进行监督。

4.3.1.5 典型案例

案例描述：某供电营业厅因叫号系统故障，客户排队人员较多，营业厅环境嘈杂且当日无引导员进行疏导引流，轮到某客户排队至柜台前办理业务时，前面已有较多插队客户办理完业务，同时因业务受理员未按服务礼仪接待客户，态度较为冷淡，最终导致客户现场不满情绪爆发，拨打95598引发投诉。

案例评析：营业厅营业秩序混乱且服务人员服务礼仪执行不到位影响客户办电体验，引发投诉。

4.3.2 首问负责制落实不到位

4.3.2.1 风险描述

未及时为客户提供准确的联系人、联系电话和地址，未快速衔接，存在相互推诿、搪塞和怠慢的现象，导致客户“多头跑”。

4.3.2.2 风险影响

导致客户诉求无法快速响应，甚至出现“多头跑”的情况，客户不满意引发投诉甚至舆情。

4.3.2.3 政策依据

《国家电网有限公司供电服务标准》。

4.3.2.4 防范措施

（1）无论业务是否对口，应热心引导、快速衔接、及时转办。

（2）省、市、县三级稽查监督体系开展常态或专项稽查监督，通过明察暗访对执行情况进行监督。

4.3.2.5 典型案例

案例描述：某客户到某供电公司营业厅办理居民增容业务，业务受理员要求客户联系所属的片区业务经理，客户多次联系客户经理，客户经理以房子没有建好，不满足报装条件，未及时为客户办理业务。

案例评析：该营业厅违反“首问负责制”“同城异地”业务办理规定。

4.3.3 一次性告知落实不到位

4.3.3.1 风险描述

未一次性告知客户所需的全部材料、业务流程、收费标准等信息，导致客户重复往返。

4.3.3.2 风险影响

客户对办电所需资料、流程等信息不了解，导致客户重复往返，客户不满意引发投诉甚至舆情。

4.3.3.3 政策依据

（1）《国家电网有限公司供电服务标准》。

（2）《国家电网公司业扩报装管理规则》。

4.3.3.4 防范措施

（1）受理客户业务、答复客户时，一次性告知客户办电所需全部资料、业务流程、收费标准等信息，避免客户多次往返。各省、市、县按照专业编制印发统一的业务办理告知书。

（2）省、市、县三级稽查监督体系开展常态或专项稽查监督，通过明察暗访对执行情况进行监督。

4.3.3.5 典型案例

案例描述：某客户于 2019 年 12 月 1 日至供电营业厅咨询如何办理移表业务。次日客户按照甲客户受理员所讲的携带申请资料再次来到营业厅申请办理移表业务，乙客户受理员却因所带资料不全未给予当场办理。客户回去后将所需资料交予台区经理，因台区经理未将资料递交至客户受理员，导致该业务一直未受理，最终2020年7月该户表计脱落引起客户停电，客户拨打95598下发业务办理超时限投诉，请相关部门尽快核实处理。

案例评析：客户受理员“一次性”告知制度落实不到位，未将业务办理的渠道、流程一次性告知客户；台区经理未执行“首问负责制”，未快速衔接营业厅、未及时转办，导致客户业务办理超时。

4.3.4 擅自变更或泄露客户信息

4.3.4.1 风险描述

（1）擅自变更客户信息，导致客户基础信息不准确，引发各类服务通知错发。

（2）违规泄漏客户电量电费、联系信息等客户资料。

（3）客户信息保管意识不强，随意摆放含有客户电量电费、用电类别、地址等信息的客户资料。

（4）工作人员利用职务之便，违规窃取客户资料，通过积分套现等手段谋取私利。

4.3.4.2 风险影响

（1）客户信息保护不力，导致客户利益受损。

（2）因信息泄漏，损害公司利益和企业形象，甚至引发舆情事件。

4.3.4.3 政策依据

（1）《国家电网有限公司员工服务“十个不准”（修订版）》。

（2）《国家电网有限公司95598客户服务业务管理办法》。

4.3.4.4 防范措施

（1）严格执行《国家电网有限公司员工服务“十个不准”（修订版）》，规范客户信息收集应用，保护客户信息，准确维护客户基础信息。

（2）提高工作人员业务素质，提升防范廉政风险意识。

4.3.4.5 典型案例

案例描述：某供电公司员工利用网上国网 App 户号绑定规则，擅自修改营销系统内非本人相关的客户基础联系信息，以达到本人“网上国网”App 账号与他人户号自动绑定的目的，从而实现违规积分划转，套取电费红包。

案例评析：供电公司员工利用职务之便违规积分套现，导致客户利益受损。

4.3.5 信息公开不规范

4.3.5.1 风险描述

（1）门户网站、营业窗口等渠道未及时准确公示服务承诺、服务项目、业务办理流程、投诉监督电话、电价和收费标准等。

（2）门户网站、营业窗口等渠道对外公开的信息不及时、不规范或不完整。

（3）停限电信息对外通告不及时或与实际不一致，供电设施计划检修停电未能提前通知客户或进行公告，临时检修停电未能提前通知重要客户，故障停电未及时发布信息，欠费停电未履行程序通知客户。

4.3.5.2 风险影响

（1）客户无法及时、准确获取电价、收费标准、投诉监督电话等信息，导致客户利益受损。

（2）客户无法及时、准确获取停电信息，影响正常生产、生活，给客户造成损失。

4.3.5.3 政策依据

（1）《供电企业信息公开实施办法》（国能监管〔2014〕149 号）。

（2）《国家电网有限公司供电服务“十项承诺”（修订版）》。

4.3.5.4 防范措施

（1）门户网站、营业窗口应及时、规范、完整的对外公布服务承诺、服务项目、业务办理流程、投诉监督电话、电价和收费标准等信息。

（2）充分利用传统及新媒体、短信等渠道，及时准确发布停电信息。供电设施计划检修停电，应提前通知客户或进行公告；临时检修停电，应提前通知重要客户；故障停电及时发布停电信息，也可通过社区经理微信群或者供电服务热线发布信息；欠费停电，应提前7天张贴客户停电通知单通知客户。

4.3.5.5 典型案例

案例描述：2019 年 5 月 31 日，某省发展改革委发布关于降低一般工商业电价有关事项的通知，并于 2019 年 7 月 1 日起执行。2019 年 8 月 2 日，公司检查组发现某营业厅的宣传栏中电价还是旧版电价表。

案例评析：该营业厅对外公布的电价信息未及时更新，对外公开不及时、不规范。

4.3.6 延伸有偿服务不规范

4.3.6.1 风险描述

强行开展有偿服务；未按物价部门有偿服务收费标准收取相关费用，收取有偿服务费后未提供正规发票。

4.3.6.2 风险影响

损害客户利益，引起客户不良感知，甚至产生客户法律诉讼，产生舆情事件。

4.3.6.3 政策依据

《国家电网有限公司 95598 客户服务业务管理办法》和《国家电网有限公司供电服务标准》。

4.3.6.4 防范措施

应客户要求开展有偿服务，让客户自行选择维修单位；有偿服务收费标准须经物价管理部门批准；收取有偿服务费后，开具正规发票。

4.3.6.5 典型案例

案例描述：某供电公司在结合业扩报装工作推广智慧电务时，在未经客户同意的情况下，强行要求客户支付5000元综合能源服务费，才能给其送电。客户随即拨打95598，反应供电部门违规收费。

案例评析：该供电公司工作人员在开展智慧电务推广工作时，未征得客户同意，强行开展有偿服务，损害客户利益，引起客户不良感知，造成投诉。

4.4 服务事件处理

4.4.1 负面事件化解不当

4.4.1.1 风险描述

未建立服务事件应急处理机制，未及时、有效处置负面事件。恶意隐瞒或未及时上报负面事件。

4.4.1.2 风险影响

错失危机公关先机，引起事件升级，损害企业形象。

4.4.1.3 政策依据

《国家电网公司电力服务事件处置应急预案》。

4.4.1.4 防范措施

建立供电服务危机处理制度，成立供电服务危机处理组织机构；根据“快速响应、实事求是、分级负责、注重效果”的原则，及时、高效处理负面事件。

4.4.1.5 典型案例

案例描述：某年8月，某市网站爆出“智能电能表耗电量飙升，电费奇高，几乎翻倍”。该地供电部门监测到负面事件后，立即向上级部门汇报，并在上级指导下组织专业人员开展危机公关处理：①电费专家团队，通过客户数据分析，提出电费突增的原因为三挡阶梯电价导致，用通俗易懂的案例举例计算电费突增情况，并整理省电小技巧引导客户节约用电；②主动对接该市市场监管局，抽取部分电能表送该市质量技术监督检测院鉴定，并实时通过媒体公布检测数据和结果，通过第三方权威机构的鉴定结果回应市民关切；③主动通过热门媒体发布的正面信息，掌握舆论的主动权，化解负面事件；

④在上级部门的统一部署下，全省各地市都通过当地主流媒体发布正面引导性报道，指导客户利用“网上国网”App实时监测日用电量，正确解读电费账单，引导客户优化用电。

案例评析：①该地市公司监测到负面事件后，及时向上级汇报，并在专业部门指导下成立危机公关小组，及时、有效处置该负面事件；②该地市供电公司充分倾听客户诉求，主动对接第三方权威机构来辟谣，同时该地市供电公司充分倾听客户诉求，主动对接第三方权威机构来辟谣，同时以事实为依据回应客户关切，正向引导舆情；③该供电公司上级部门，在全省范围内发布正向引导性报道，以点及面，防患未然。

4.4.2 投诉举报处理不当

4.4.2.1 风险描述

未按照投诉、举报处理时限要求，及时联系、处理并答复客户；投诉、举报处理过程中不积极、不规范，或是内部推诿、敷衍了事，造成客户矛盾上升；处理结果未以事实和法律、法规为依据，回复弄虚作假、规避供电公司责任的，损害客户的合法权益或供电公司利益；未执行保密、回避制度，泄露投诉举报人信息；属实投诉举报整改措施落实不到位，未能将处理措施落实到位，未能通过举一反三，减少客户投诉。

4.4.2.2 风险影响

未能及时准确掌握客户抱怨信息，让客户失去信心，导致服务事态扩大，引发重复投诉、越级投诉和群体投诉，甚至舆情事件。

4.4.2.3 政策依据

（1）《国家电网有限公司供电服务“十项承诺”（修订版）》。

（2）《国家电网有限公司员工服务“十个不准”（修订版）》。

（3）《国家电网有限公司 95598 客户服务业务管理办法》。

4.4.2.4 防范措施

坚持实事求是、以理服人、正确归责的原则，在规定时限联系、处理并答复客户；投诉、举报处理，要积极、认真处理，不得发生推诿、搪塞、包庇或敷衍了事；开展投诉、举报工单的跟踪、督办和工单质量检查，落实考核责任；保护投诉举报人合法权益，不得泄露投诉举报人信息，严禁打击报复投诉举报人；严格按照投诉举报“四不放过”的原则，落实投诉举报处理整改措施。省、市、县三级稽查监督体系开展常态或专项稽查监督，通过明察暗访对执行情况进行监督。

4.4.2.5 典型案例

案例描述：某供电公司接到举报工单，有客户 A 反应隔壁客户 B 存在窃电情况，要求查处。该供电公司在处理过程中，因客户 B 较难沟通，窃电处理有难度，工作人员直接让客户整改，但未查处罚款，回复客户 A 无窃电情况，而且在查处过程中，不慎泄露举报客户的信息，导致客户 B 向客户 A 寻衅滋事。最终客户 A 向 12398 能源监管热线反应，引发越级投诉。

案例评析：

（1）用电检查人员未以法律、法规为依据秉公查处客户 B 的窃电行为，损害供电公司利益，造成国有资产流失。

（2）工作人员未执行保密制度，泄露投诉举报人信息，给举报人客户 A 带来不便。

（3）用电检查人员未以事实为依据，回复弄虚作假，让客户 A 对公司失去信心，最终导致服务事态扩大，引发越级投诉。

4.4.3 新闻舆论应对不及时

4.4.3.1 风险描述

新闻采访未能主动正面应对，新闻素材未能正面统一出口，报道方式未能主动沟通化解，社会舆论未能及时澄清。

新闻舆论事件信息未能及时上报。

4.4.3.2　风险影响

造成负面报道事件，引起新闻舆论升级。

4.4.3.3　政策依据

《国家电网公司供电服务事件处置应急预案》。

4.4.3.4　防范措施

建立供电服务新闻舆论快速反应制度，成立供电服务新闻处理组织机构；依据“快速响应、实事求是、分级负责、注重效果”的原则，及时、高效处理新闻负面事件；建立各级新闻发言人制度，各类事件均由新闻发言人应对媒体。

4.4.3.5　典型案例

案例描述：某市媒体“民生问政”栏目，对供电营业厅工作人员开展媒体采访，询问“在行政服务中心是否未开设电力窗口”。工作人员在未跟上级部门请示汇报的情况下，直接接受采访，答复“未入驻行政服务中心”。事后，工作人员也未及时向上级部门汇报采访事件。导致该供电公司负责人在毫不知情的情况下，在直播节目上被“民生问政”，引起负面报道。后经核实，实际情况市供电公司正在主动与行政服务中心对接入驻事宜，因行政服务中心正值房产业务突增时期，故暂时借用电力窗口，电力业务暂缓入驻。

案例评析：①营业厅工作人员在未经核实的情况下，擅自接受采访，未能客观、正面统一出口答复；②采访后工作人员未能及时上报新闻事件，错失主动沟通化解先机，未能及时澄清。